KB169776

한나 아렌트

전체주의라는 악몽

오늘을 비추는 사색

Hannah

한나 아렌트

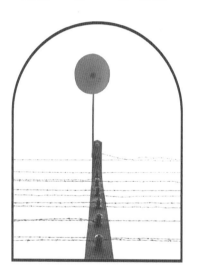

마키노 마사히코 | 전경아 옮김

까치

전체
주의라는   악몽

Arendt

IMA WO IKIRU SHISO : HANNAH ARENDT ZEN-
TAISHUGI TOIU AKUMU 今を生きる思想 ハンナ・アレン
ト 全体主義という悪夢

by Makino Masahiko 牧野雅彦

Copyright © Makino Masahiko, 2022
All rights reserved.
Original Japanese edition published by KODANSHA LTD.
Korean publishing rights arranged with KODANSHA LTD. through
EntersKorea Co., Ltd.

옮긴이 전경아(全俓芽)
중앙대학교를 졸업하고, 현재 번역 에이전시 엔터스코리아 출판기획
및 일본어 전문 번역가로 활동하고 있다. 주요 역서로『미움받을 용기』
1-2권,『일과 인생』,『지금이 생의 마지막이라면』,『너무 신경썼더니 지
친다』,『아직 긴 인생이 남았습니다』등이 있다.

편집, 교정_ 권은희(權恩喜), 김미현(金美炫)

한나 아렌트 : 전체주의라는 악몽
저자/마키노 마사히코
역자/전경아
발행처/까치글방
발행인/박후영
주소/서울시 용산구 서빙고로 67, 파크타워 103동 1003호
전화/02·735·8998, 736·7768
팩시밀리/02·723·4591
홈페이지/www.kachibooks.co.kr
전자우편/kachibooks@gmail.com
등록번호/1-528
등록일/1977. 8. 5
초판 1쇄 발행일/2024. 9. 5

값/뒤표지에 쓰여 있음
ISBN 978-89-7291-850-9 04160, 978-89-7291-847-9 (세트)

차례

미래의 전체주의에 저항하기 위하여

'이건 결코 일어나서는 안 되는 일이었어.'

이것이 나치의 유대인 대량학살 뉴스를 처음 들었을 때, 한나 아렌트가 받은 느낌이었다. 수많은 사람들이 발가벗겨진 채로 죽임을 당했다. 마치 시체를 제조하는 공장처럼, 살 가치가 있는지 없는지로 인간을 선별하여 가스실로 보낸 뒤 그 시체를 소각하고 처분했다. 그곳에서 인간의 흔적은 완전히 말살되었다.

애초에 인간으로서 해서는 안 되는 짓이었다. 어째서 이런 일이 일어난 것일까. 이런 짓을 저지르고 이제 우리는 인간으로서 어떻게 살아가면 좋다는 말인가.

아렌트는 유대인 대량학살을 한 줌의 인간이 저지른 학살 행위로 보지 않았다. 확고한 신념을 가진 사디스트, 극악무도한 인간이 저지른 범죄라면 법에 따라서 적절히 처벌하면 될 일이지만, 나치의 만행은 일부 범죄 집단이 벌인 소행이 아니었다. 수백만 명에 이르는 시민을 잡아 가두고 수용소에서 살처분한 행위는 경찰과 군대, 행정, 나치당과 친위대 같은 실행부대가 그 실행을 맡지 않고, 무수한 사람들이 협력하지 않았다면 도저히 벌어질 수 없는 일이었다. 그 일에는, 나치를 적극적으로 지지하거나 당 활동 경험이 없는 보통 시민도 어떤 식으로든 관여했다. 평소 타인에게 폭력을 휘두르거나 범죄를 저질러본 적이 없는 지극히 평범한 사람들이 밀고를 함으로써 유대인 적발에 협력하고, 유대인을 미행하는 모습을 보고도 보지 못한 척하는 식으로 말이다. 살해의 표적이 되었을 유대인도 일부는 나치와 결탁하여 난국을 피하려고 했고, 소중한 사람을 구하기 위해서 수용 대상자를 선발하거나 수용소로 이송하는 데 협력했다. 이렇게 수많은 사람들이 포기하고 절망하며 나치의 지시에 순순히 따랐다.

　의도하지 않았으나 나치의 범행에 가담한 수많은 사람들은 아마도 제대로 된 감정과 감각, 정상적인 판단력을 잃었을 것이다. 나치의 폭정은 유대인과 일부 소수자, 반대자만 탄압한 것이 아니다. 유대인 말살 운동에 수많은 사람들을 끌어들임으로써 그들의 인간성 자체를 앗아갔다. 그런 의미에서 나치의 행위는 인간을 인간답게 만들어주는 기반 자체를 파괴했다고 할 수 있다. 그러한 인간 파괴 현상을 아렌트는 "전체주의totalitarianism"라고 명명했다.

"운동"으로서의 전체주의

보통 히틀러의 나치 독일과 스탈린 시대의 소비에트 러시아처럼 독재적인 인물을 지도자로 추대한 정당이 배타적인 이데올로기를 토대로 지배하는 정치 체제를 "전체주의"라고 한다. 정치학에서는 단일 정당이 군과 행정을 통제하고, 대중매체로 사회, 경제를 일원적, 전면적으로 지배하는 것을 그 지표로 본다. 하지만 아렌트는 전체주의의 특징을 무엇보다도 "운동"에서 찾았다. 폭넓은 국민 대중을 끌어들인 운동이 힘을 키워 정치권력을 장악한 순간, 구체제 관료와 군 지도자, 정, 재계의 지도자들 중에서 이에 따르지 않는 자는 숙청되었고 야당의 저항은 철저히 탄압을 받았다. 배타적 이데올로기에 근거하여 적대 세력으로 꼽히던 집단은 체포되어 수용소로 보내졌다. 사회 구석구석에까지 미치는 이러한 지배는 경제적 파국과 자멸적 전쟁으로 치달았고, 결국에는 체제 자체를 파괴해버렸다. 강제수용소에서 자행된 유대인 대량학살은 그 종착점이었다.

전체주의는 비단 적대 집단과 피지배층만을 파괴하지 않는다. 전체주의 체제에서는 단일 정당과 국가기관들의 경쟁과 대립이 일상적으로 일어난다. 군과 경찰을 비롯한 각종 행정과 경제관리 분야에서 당 기관과 행정기관이 우후죽순 설립되어 암투를 벌인다. 통상의 국가체제에 존재하던 권한 배분과 역할 분담이 해체된다.

효율적으로 서로를 견제하던 행정과 권력이 그 기능을 상실하면서 지도자를 둘러싼 권력투쟁은 더욱 혼란을 가중시킨다. 이렇게 전체주의 운동은 국가 전체를 파괴한다.

이리하여 전체주의는 그때까지 인간이 누려온 생활 기반과 기존의 도덕 규범, 전통을 비롯한 일체의 것들을 파괴해버린다. 거기에서는 자유주의와 보수주의, 사회주의 같은 종래의 정치사상과 이데올로기는 더 이상 통용되지 않는다.

"지금, 우리는 기존의 모든 것이 효력을 잃은 세계에서 살고 있다. 거기에서 인간은 어떤 관계를 맺으면 좋을까." 이것이 아렌트가 묻고자 하는 것이었다.

전체주의는 다시 나타날 것인가?

전체주의는 사라져버린 먼 과거의 이야기가 아니다.

물론, 히틀러의 나치 독일은 제2차 세계대전에서 패

배하며 붕괴되었고, 전체주의의 또다른 대표주자였던 소비에트 러시아의 스탈린 체제도 그가 죽은 후에 체제 변화를 일으키며 베를린 장벽의 붕괴와 함께 코뮤니즘 체제 자체와 함께 사라졌다. 나치 체제도 스탈린 체제도 몇몇 역사적 요인과 사건이 겹겹이 쌓여서 성립된 것이다.

그러나 전체주의를 초래한 다양한 요인들은 오늘날에도 존재한다. 세계화라는 이름하에 국경을 초월한 물자, 돈, 사람 간의 이동과 교류가 경제적 격차의 확대 및 그에 따른 민족, 인종 간의 대립을 낳고 있다. 경제 발전과 더불어 진행되는 과학기술의 진전은 지금까지 인간이 영위해왔던 생활상을 뒤바꿔놓았다. 이런 상황에서 전체주의가 모습을 바꿔 다시 등장할 위험은 오히려 커졌다.

가령, 정부가 국민이 원하는 정보를 은폐하고 행정부서에서 관련 문서와 자료를 은폐하고 조작하는 사건이 빈번하게 발생하고 있다. 민간기업에서도 고객과 소비자에게 공표해야 할 정보를 은폐하고 조작하는 일이 일상적으로 벌어진다. 정보 은닉과 허위에 대한 불신의 눈초리는 그러한 사태를 알리고 감시해야 할 언론과 야당에까지 미치고 있다. 신문과 텔레비전 보도가 편향된 입장에서 의도적으로 잘못된 정보를 흘려보낸다는 지적과, 정부를 비판하던 야당도 같은 부정과 은폐를 저질렀다는 이야기가 심심치 않게 들려온다. 정치와 언론에 대한 불신이 퍼지면서 인터넷과 기타 정보 발신 수단을 통해 불확실한 정보와 소문이 순식간에 퍼져나간다. 선정적인 의견과 억측이 난무하는 배후에 "보이지 않는 곳에서 누군가가 조종하고 있지 않은가", "누군가가 이익을 얻고 있는가"라는 음모론이 난무한다.

정치에 대한 불신과 사회를 향한 불만이 확산되고 미래 전망이 보이지 않는 상황에서 사람들 사이에 싹튼 불신과 불안을 부채질하는 지도자가 등장하여 사람들을 광범위하게 끌어들였던 전체주의 운동이 그 기반을 착실히 다지고 있는 것처럼 보인다. 인터넷 같은 기술의 발전은 전혀 새로운 형태로 전체주의를 등장시킬지도 모른다.

아렌트의 사상이 오늘날 여러 곳에서 주목을 받고 그 저작이 읽히는 이유도 그가 전체주의 현상을 직시하고 거기에서 자신의 사상을 탄생시켰기 때문이다. 아렌트를 읽는다는 것은 전체주의에 저항하는 인간상을 생각한다는 의미이다.

그러면 전체주의란 무엇인가. 전체주의를 초래한 요인은 대체 무엇인가. 그리고 우리는 거기에 어떻게 대처하면 좋을지 순서대로 살펴보자.

제1장

반유대주의의 기원

나치의 박해를 피해서

한나 아렌트는 1906년 독일 하노버의 유대계 중산층 가정에서 태어났다. 마르부르크 대학교에 들어가 마르틴 하이데거Martin Heidegger에게서, 하이델베르크 대학교에서는 카를 야스퍼스Karl Jaspers에게서 철학을 배웠다. 박사 논문으로「성 아우구스티누스의 사랑 개념Der Liebesbegriff bei Augustin」을 낸 뒤, 19세기 초 베를린에서 낭만파 문인 등을 모아 살롱을 연 유대인 여성 라헬 파른하겐Rahel Varnhagen의 평전을 썼다.

1933년 아렌트는 정권을 장악한 나치의 박해를 피해 어머니와 함께 독일을 떠나 프라하에서 제네바를 거쳐 파리로 도망쳤다. 그리고 그곳에서 중동 팔레스타인에 유대인의 고국을 건설하려고 했던 시오니즘_zionism_ 운동에 협력했다. 유대인 문제를 자신의 문제로 인식하고 유대인으로서의 자기 존재의 의미, 유대인이란 무엇인가에 대해서 본격적으로 생각하기 시작한 것도 이 무렵부터이다.

아렌트는 시오니즘 운동과는 차츰 거리를 두지만, 유대인을 처음으로 정치적 무대에 등장시켰다고 하여 시오니즘을 높이 평가했다. 제2차 세계대전 중, 아렌트가 유대인의 민족적 기치를 내걸고 연합국에 협력하는 유대군 결성에 지지를 보냈다는 사실은 공공장소에서 자신의 존재를 드러내는 정치 활동을 중시했던 그녀의 사상적 특징을 잘 보여준다.

제2차 세계대전이 시작되고 독일군이 파리에 밀어닥친 1940년 5월, 프랑스 정부는 망명한 유대인을 적국인으로 간주하고 수용소로 보냈다. 아렌트는 이때 피레

네 산맥 근처의 귀르스 수용소로 옮겨졌다. 그리고 6월에 프랑스가 항복하자, 독일군이 파리를 점령한 혼란을 틈타 수용소를 탈출하여 스페인 국경을 넘어 미국으로 건너갔다. 1941년 5월에 뉴욕에 도착하여 1951년에 미국 국적을 취득하기 전까지, 아렌트는 망명 유대인으로서 집필 활동을 벌이며 유대계 신문 「아우프바우Aufbau」와 잡지 「파르티잔 리뷰Partisan Review」 등에 기고하고 버클리, 시카고, 프린스턴, 콜롬비아 등의 대학교에서 교편을 잡았다. 그리고 "무국적자"로서 지낸 경험을 사색한 결과를 글로 썼는데, 그 책이 1951년에 발표한 『전체주의의 기원The Origins of Totalitarianism』이다.

유대인이란 무엇인가

『전체주의의 기원』은 유대인이었던 자신의 존재를 묻는 글이기도 했다. 유대인이란 무엇인가? 유대인은 단순히 차별받는 민족, 보통의 소수자는 아니다. 유대인에 대한 차별과 편견은 유럽의 국가와 사회 속에서 그들이 차지하는 독특한 위치와 관계가 있다.

19세기 유럽에서 완성된 국민국가는 계급과 계층에 따라 구분된 국민을 기반으로 하는 국가를 일컫는다. 국민국가는 균일하고 단일한 "국민"에 의해서 설립된 국가가 아니다. 프랑스를 중심으로 하는 서유럽의 주요나라에서는 언어와 문화를 공유하는 "민족"이 거의 그대로 주권국가를 형성하는 "국민"이 되지만, 유럽 전체로 보자면 이는 오히려 특별한 경우라고 할 수 있다. 대개는 계급과 계층 구분이 민족과 종교, 종파의 구별과 겹쳐진다.

다른 민족과 구별되는 유대인의 특징은 그러한 국민국가 밖에 서 있는 "아웃사이더"였다는 점이다. 그들은 국민국가를 구성하는 계급과 계층에 속하지 않았다. 오히려 국민국가의 바깥에서 국가와 국가 사이를 중개하는 금융업자로 성장했다. 로스차일드 가문을 중심으로 한 유대인 금융업자들은 국가에 자금을 조달하고 전쟁에 필요한 군자금을 제공하고 강화 시에는 배상금을 조달하고 처리하는 일을 맡아 부를 축적했다. 또한 국가는 그들이 국제적 네트워크를 통해서 얻은 금융자산과 정보를 이용하며 공생관계를 형성했다. 유대인 금융업자들은 국가 운영을 돕는 조언자 위치에 올랐다.

나아가 그러한 금융업 등으로 지위가 상승한 2세대 유대인들은 문필가와 언론인, 그 밖의 지식 분야 등으로 뻗어나갔다. 그들은 때로는 유대인에 대한 편견과 차별을 역으로 이용하여, 타인과는 다른 유대인의 독자성을 강조하고 유대인임을 자처하면서 자연스레 상류계급 모임에 섞여 들어갔다. 그런 의미에서 그들은 유럽 공통 문화의 일익을 담당하는 존재이기도 했다.

국민국가의 해체로 탄생한 반유대주의

물론 그렇게 해서 출세한 유대인은 극히 일부이며, 같은 유대인 사이에서도 경제적 격차와 계급적 대립이 존재했다. 편견에 시달리면서도 시민사회에 동화된 서유럽 유대인과 동유럽 유대인 사이에는 더욱 심각한 격차와 의식의 차이가 존재했다. 그러나 이러한 민족 내부의 경제적 격차와 계급 대립은 다른 민족에도 마찬가지로 존재했다. 차이가 있다면 유대 민족이라는 존재 자체가 국민국가의 바깥에 있었고, 국가와 국가 사이를 중개하는 역할을 담당했다는 점이었다.

히틀러가 태어난 오스트리아 합스부르크 제국은 독일 민족, 헝가리의 마자르 민족, 체코 크로아티아 등의 슬라브계 민족으로 구성된 다민족 국가였다. 그런데 유대인이 다른 민족을 제치고 금융업을 통해서 왕실과 연을 맺는 특권적 지위를 차지했다. "유럽의 국가 체제를 중개하는 유대인"이라는 구도가 제국 내부에 그대로 응축된 것이다. 근대적 반유대주의의 선구자로 꼽히는 게오르크 폰 쇠너러Georg von Schönerer의 범게르만 주권 운동이나 카를 뤼거Karl Lueger의 기독교 사회당의 기원이 오스트리아의 빈이고, 히틀러가 그들의 운동으로부터 많은 영향을 받은 것은 결코 우연이 아니다.

17세기 중엽 유럽에서 형성된 주권국가 체제는 일정한 영토에 대한 배타적 지배권인 "주권"을 국가 간에 인정함으로써 성립된다. 서로 각국의 내정에는 간섭하지 않고, 전쟁을 포함하여 국가 간에 분쟁이 생겼을 때는 이를 해결하기 위한 절차를 존중하기 위해서 국가 간의 관계를 안정적으로 뒷받침할 매개적 존재가 필요했다. 그 존재가, 기독교라는 문화적 기반으로 국가를 넘어 신도들을 조직한 교회, 특히 로마 가톨릭 교회(프로테스탄트 개혁으로 분열되기는 했지만)와 세습적 주권자인 군주 및 왕실과 교류하는 인사들, 그리고 유대인의 국제적 네트워크였다.

19세기 말에 대두한 반유대주의는 국민국가를 지탱하는 이러한 상호 매개 시스템이 해체되기 시작하면서 탄생했다. 서유럽 국민국가의 전형이었던 프랑스에서는 파나마 운하 건설을 둘러싼 금융 스캔들로 그 징후가 두드러지게 나타났다.

1869년 지중해와 홍해를 잇는 수에즈 운하를 개통함으로써, 서양 세계와 중동, 아시아의 교통과 지정학적 상황에 중대한 전환을 가져온 프랑스의 전 외교관 페르디낭 마리 레셉스Ferdinand Marie Lesseps는 1880년에 또다시 대서양과 태평양을 잇는 파나마 운하의 개통에 착수한다. 공사는 기술상의 문제와 황열병의 확산, 자금난을 이유로 난항을 겪었다. 파나마 운하회사는 1888년에 복권이 달린 채권을 발행했지만, 결국 도산했다. 그런데 1892년, 채권 발행에 즈음하여 회사가 정부의 승인을 얻으려고 다수의 의원들에게 뇌물을 준 사실이 발각되면서 이 문제가 대규모 의혹 사건으로 불똥이 튀었다. 의회 정치가와 운하회사를 중개한 것은 로스차일드와 같은 유대계 금융자본이 아니라 자크 드 라이나흐Jacques de Reinach와 코넬리우스 헤르츠Cornelius Herz라는 신흥 유대인 금융 브로커였다. 훗날 "드레퓌스 사건"이 일어났을 때, 앞장서서 드레퓌스를 옹호했던 정치가 조르주 클레망소Georges Clemenceau도 여기에 관여했다는 의심을 받아 의회 선거에서 낙선했다.

운하회사가 많은 소액 투자가들에게 모은 자금은 13억3,553만8,454프랑에 달한다(19세기 프랑의 가치는 비교적 안정되어 1프랑이 1,000엔 정도였다고 한다. 전후 일본의 물가 상승을 감안하면 그 이상이 될지도 모른다). 그나마 얼마 되지도 않은 자산을 잃은 중산층의 비판과 불만은 운하회사와 뇌물을 받은 정치가뿐만이 아니라 금융 스캔들의 배후에서 암약하던 유대인들을 향했다. 그런 의미에서는 국가를 뒷받침하는 안정적 금융, 자금 조달 시스템—특권화된 로스차일드의 지배—이 느슨해지면서 표면화된 부패가 "국가와 경제를 뒤에서 지배하는 유대인"이라는 이미지 형성에 크게 기여했다고 볼 수도 있다. 그렇게 형성된 반유대주의를 정치 무대 전면에 등장시킨 사건이 바로 드레퓌스 사건이었다.

대립을 부추긴
드레퓌스 사건

1894년, 프랑스 참모본부의 유대인 장교 알프레드 드레퓌스Alfred Dreyfus는 독일에 정보를 누설한 혐의로 체포되어 종신형을 선고받았다. 드레퓌스는 1870-1871년에 벌어진 프로이센-프랑스 전쟁의 결과로 독일에 병합된 알자스 지방 출신으로, 이 지역에서 살던 다수의 유대인은 프랑스에 대한 귀속 의식이 강했다. 그런 드레퓌스가 독일 스파이로 의심을 받은 것이다.

정보 누설이 다른 사람이 저지른 짓임이 밝혀지면서 사건 자체는 군 내부에서 일어난 무고한 사건으로 일단락되었지만, 훗날 총리가 되는 클레망소가 드레퓌스의 재심 청구를 지지한다며 운동을 개시하면서 사태는 국론을 둘로 나누는 대립으로 발전했다. 전통적으로 반유대주의의 기수였던 예수회를 비롯한 가톨릭 교회와 군 등의 구왕당파가 드레퓌스 타도를 외쳤고, 이에 맞서서 중산계급과 노동자를 대표하는 공화파가 드레퓌스를 지지하는 양상이 펼쳐졌고, 이로써 프랑스 혁명 이래 왕당파와 공화파의 대립이 재현되었다. 이를 보면 알 수 있듯이, 반유대주의 운동의 발전을 가로막은 것은 고전적 국민국가 체계였다.

프로이센-프랑스 전쟁에서 프랑스가 패배한 뒤 나

폴레옹 3세의 제2제정이 붕괴하고, 패전의 혼란 속에서 파리의 시민과 노동자의 자치정부인 파리코뮌이 등장한(비록 단명하기는 했어도) 사실에서 볼 수 있듯이, 이미 프랑스에서도 국민국가 체제는 동요되기 시작한 상태였다. 패전 이후 재건된 제3공화정은 그 기반이 약했다. 과거의 왕당파를 계승한 보수파와 교권주의적 가톨릭 교회 세력은 이것을 이용해서 의회제 민주주의 체제를 권위주의적 통합으로 변질되었다고 매도하며 기회만 있으면 왕권제를 부활시키려고 했다. 하지만 드레퓌스 사건과 뒤이어 발생한 정교분리법을 둘러싼 대결로 인해서 그들의 목표는 결국에 무산되었다. 이때, 그 선봉에 선 것이 프랑스 혁명 이래 공화주의를 체현한 클레망소의 급진사회당이었다. 즉, 프랑스에서는 뿌리 깊게 남아 있던 혁명의 이념에 대한 외침이 구왕당파와 교회, 군대를 대표하는 "반공화파"와 중산계급과 노동자를 대표하는 "공화파"라는, 19세기 국민국가의 고전적 대항축을 부활시키는 데에 성공한 것이다. 그리고 이 과정에서 공화제를 지지하던 중산층과 노동자 계급은 반유대주의에서 벗어난다.

아렌트는 기독교에 뿌리를 둔 전통적인 유대인 차별과 유대인을 섬멸하려는 나치의 반유대주의를 구별했다. 따지고 보면 본격적인 반유대주의는 국민국가의 기반이 된 계급, 계층이 흔들리면서 등장했다. 그리고 그 유럽의 국민국가 체제를 해체할 수 있었던 원동력이 바로 전체주의의 확산이었다.

제2장

"대중"의 등장

국민국가 해체의 원동력으로서의
제국주의

19세기 초 산업혁명으로 시작된 자본주의 경제의 발전은 국민국가를 안에서부터 무너뜨렸다. 19세기의 마지막 4반세기에 유럽 열강이 앞다투어 아프리카를 식민지화했던 아프리카 쟁탈전을 계기로 제국주의가 팽창하기 시작하면서 서양 국민국가 체제의 틀을 본격적으로 넘어설 수 있게 되었기 때문이다.

자본과 그 선봉이었던 부르주아에는 태생적으로 국

민국가를 파괴하는 성질이 있었다. 이들은 본래 정치적 지배에 대한 야심 없이 경제적 우위를 얻은 역사상 최초의 계급이었다. 그래서 당초 정치적 결정을 국가에 위임했지만, 국가의 제약이 자본주의 발전에 걸림돌이 되자 국민국가의 틀을 뛰어넘고자 했다. 그러한 의미에서 제국주의는 "부르주아의 정치적 해방"이라고 볼 수 있다.

영국 자유주의 체제의 대표 정치가인 윌리엄 글래드스턴William Gladstone, 독일의 국민적 통일을 달성한 오토 폰 비스마르크Otto von Bismarck, 드레퓌스 사건으로 공화국 옹호의 선두에 나선 프랑스의 클레망소 같은 정치가들도 각자 지향하는 바는 달랐지만, 제국주의 정책을 펼치는 데에는 대체로 소극적인 태도를 보였다.

가령 비스마르크는 1871년, 프로이센-프랑스 전쟁으로 얻은 알자스-로렌 지역을 아프리카의 프랑스령과 교환하자는 제안은 거부했지만, 1890년에 헬골란트 잔지바르 조약에서는 북해의 헬골란트를 얻는 대가로 동아프리카의 잔지바르, 위투 술탄국의 권익을 영국에 양도했다. 독일의 입장에서는 국방상 바다의 관문인 이

섬을 얻는 것이 중요했기 때문에, 그 대신 동아프리카 잔지바르 지역의 영국 지배를 인정한 것이다. 프랑스의 클레망소도 1880년대에 제국주의자들이 주장하는 이집트 파병에 반대했고, 그로부터 30년 후에는 영국과 동맹을 맺기 위해서 이라크 모술의 경유지를 영국에 양도했다. 글래드스턴도 영국이 이집트를 통치하려고 했을 때 소극적으로 나와 이집트의 총영사이자 제국주의 정책의 추진자였던 에벌린 베링 크로머 경Evelyn Baring Cromer으로부터 심하게 질책을 당했다. 아렌트는 그들이 제국주의 정책에 대체로 소극적이었던 이유가 국경을 넘어선 자본의 무한 확대가 언젠가는 국민국가의 기초를 무너트릴 것이라고 느꼈기 때문이라고 말한다.

부메랑 효과

| 식민지 수탈이 부메랑이 되어 돌아오다

제국주의에 의한 국민국가의 파괴는 단순히 국경의 틀

을 넘어선 경제 진출과 그곳에서의 경제적인 수탈에 그치지 않았다. 파괴는 국민국가에도 영향을 주었다. 국내에서는 공공연하게 저지를 수 없었던 노골적인 수탈과 폭력에 의한 억압 같은 통치 방식이 머지않아 국내에도 적용되게 된 것이다. 영국의 경제학자 존 앳킨슨 홉슨John Atkinson Hobson은 그의 저서 『제국주의Imperialism』에서 해외 식민지에 대한 정책이 언젠가는 본국에도 영향을 미쳐 자유주의적 정치 체제를 파괴할 것이라고 경고했다. 아렌트는 홉슨의 논의를 참고하여 이를 제국주의의 "부메랑 효과"라고 불렀다.

제2차 세계대전과 전체주의에 의한 파괴 이후 국민국가는 유럽에서 재편되는 동시에 세계 각지로 확대된다(뒤에서 설명하겠다). 식민지였던 아시아, 아프리카의 여러 나라들이 독립하자 19세기 말에 전형적인 제국주의, 서양 선진국의 식민지에 대한 노골적인 수탈은 겉보기에는 사라진 듯했다. 하지만 세계화가 진행되면서 자본과 인간의 국경을 넘은 이동은 과거 서양 선진국과 식민지 사이에 존재했던 착취와 수탈, 차별과 격차의 확대를 국내로 들여오는 결과를 낳았다. 그리고 그런 움직임은 오늘날에도 계속되고 있다.

국적에 상관없이 대도시로 인적, 물적 자원이 집중되면서 그에 따른 경제 혁신은 국경의 구별 없이 주변 지역과의 사회적, 경제적 격차를 낳고 있다. 각 나라의 상류층만이 부의 집중을 통해서 이익을 누리고 정치적, 사회적 영향력을 행사하는 것은 아니다. 외국인 중에서도 유능한 사람, 재력이나 그 외의 다른 수단으로 기회를 잡은 사람들이 같은 이익을 누리고 있다. 그러나 그 안에 들어가지 못한 사람, 배제된 사람, 몰락한 저소득층의 증오는 일부 특권 집단만이 아니라, 그들과 마찬가지로 자격도 연줄도 없이 낮은 임금노동에 종사하려고 대량으로 흘러들어온 단순노동자와 이민자에게 향한다. 외국인과 소수자를 향한 배척은 다른 문화와 다른 민족에 대한 차별의식과 대외적, 군사적 긴장이 가져온 내셔널리즘에만 원인이 있는 것이 아니다. 그것은 자본주의의 전 세계적 전개와 그에 따른 부의 집중, 빈부 격차의 확대라는 배경에서 일어나고 있다. 제국주의와 부메랑 효과 문제는 오늘날에도 심각한 문제로 우리 앞에 놓여 있다.

단절된 사람들이 모인 것이
"대중"

국민국가가 해체되는 동안 탄생한 것이 "대중"이다.

이미 말했듯이 국민국가는 단일하고 균질한 인간 집단이 아니라, 직업과 신분 등에 바탕을 둔 계급과 계층 집단으로 이루어진다. 그러한 집단의 복합체가 국가를 형성하거나, 국가를 형성하려는 의지로 결합될 때 "국민"이 형성된다. 한 나라의 계급이나 계층 집단의 형성과 구별은 나라와 지역마다 다른데, 때로는 종교, 종파, 민족, 인종 등을 집단적으로 구별하기도 한다. 각각의 집단이 경제생활과 사회생활에 필요한 것을 요구하면, 노동조합 등의 이익단체가 그 의견을 수렴하고, 이들 집단을 지지 기반으로 하는 정당이 의회 등의 대표기관에서 그 의견을 표출한다. 계급, 계층의 구성과 이에 대응하는 정치 대표를 조직하는 방식, 행정과 사법의 관계가 각 나라의 정치 체제의 특징을 보여준다.

끊임없는 이윤의 확대와 축적을 추구하는 자본의 운동을 원동력으로 하는 제국주의는 국민국가의 기반인 계급과 계층을 해체한다. 금융위기와 공황이 발생하여 중산계급은 자산을 잃고 몰락하고, 불황은 노동자에게서 일자리를 빼앗는다. 사람들은 소속된 집단, 직업과 경제, 사회생활의 기반이 되었던 집단에서 쫓겨난다. 계급, 계층 집단에서 탈락한 분자, 거리에 넘쳐나는 "군중mob"(몹)이 19세기 말부터 출현한 반유대주의 운동의 기반이 되어 제1차 세계대전에 종군했다가 기존의 사회와 직업에 복귀하지 못한 수많은 사람들과 함께 나치즘과 파시즘의 기수가 되었다.

그러나 나치 운동의 리더는 대개 몹의 특징—기존의 체제와 사회에서 배제된 데에 대한 원한이나 폭력에 몰두하는 모습 등의 개인적 병리—을 가지고 있었다고 해도, 운동에 동원되고 조직된 대중은 대부분 그러한 범죄적 성질과 병리와는 무관한 "보통 사람들"이었다. 유일하게 보통이 아닌 점을 꼽으라고 한다면, 그것은 그들이 "자기 자신에게도 관심이 없다"는 것이었다. 전체주의 운동에 가담한 사람들은 외부인에게 폭력을 저지르는 모습을 보아도 양심의 가책을 느끼지 않았다. 그뿐인가, 범죄 행위가 함께 운동하는 동지를 향해도 희생자에게 냉담한 태도를 보였고, 그 폭력이 자기 자신에게 향했을 때에도 순순히 희생자가 되었다.

국민국가를 구성하는 계급의 해체는 누구와도 연결되지 않고 홀로 살아가는 인간을 대량으로 낳았다. 직업과 경제생활상의 소속 집단에서 떨어져 나온 개인은 서로에게 관심을 두지 않는다. 그리고 누구의 배려도 받지 못하고 아무도 마음 써주지 않는 생활을 하면 머지않아 자기 자신에게도 관심을 가지지 않게 된다. 결과적으로 "나는 아무것도 아니다. 언제 어디에서나 대체될 수 있는 존재이다"라는 감정이 일반화된다. 그렇게 서로 관계를 맺지 않고 만사에 무관심한 인간의 집합이 아렌트가 말하는 대중이다. 그들은 민중이나 인민과 뜻이 같고 긍정적으로 쓰이는 일본어 "대중大衆"보다 영어 "매스mass"가 의미하는 "덩어리"나 "집적"에 가깝다. 서로 관련이 없는 인간들이 모여 덩어리처럼 쌓인다. 물리적으로 가까워도 서로를 잘 알지 못하며 서로에게 관심도 없다. 옆에 있던 누군가가 없어져도 전혀 개의치 않는다. 만원 전철이나 도시의 혼잡 속에서 우리가 일상적으로 보는 광경과 화물차에 짐짝처럼 태워져 절멸수용소로 향하는 유대인 사이의 거리는 그렇게 멀지 않을지도 모른다.

벌거벗은 인간

| 법적 권리의 박탈

국민국가의 해체는 사람들에게서 계급, 계층에 귀속됨으로써 누릴 수 있었던 직업과 경제생활, 사회적 인연을 빼앗을 뿐 아니라, 국가에 의해 보장된 시민으로서의 권리, 법적인 보호도 앗아간다. 제1차 세계대전의 발

발로 일어난 국민국가 체제의 붕괴는 대량의 난민, 국적을 잃고 시민으로서의 권리의 근거를 잃은 무국적자를 양산했다. 프랑스 혁명의 인권 선언은 "인간은 자유롭고 평등한 권리를 가지고 태어났다"라고 설파했다. 하지만 실제로 국민국가가 해체된 후에 등장한 "자연상태의 인간"은 일체의 법적 보호를 받지 못하는 벌거벗은 인간이었다. 국민국가가 해체되어 일정한 형태로 법적으로 보호하기 위한 실효적 기관과 제도가 사라지면 인간은 아무 권리도 없는 무방비한 존재임이 밝혀진 것이다.

제2차 세계대전으로 파괴된 후에 국민국가 체제가 재건된 이유도 여기에 있었다. 물론 그것은 19세기 유럽의 국민국가로 회귀하는 것은 아니었다. 식민지였던 유럽 이외의 지역에서도 민족 독립 운동을 발판으로 하여 국민국가가 성립되었다. 전쟁으로 인한 대량 난민과 무국적자의 필연적인 출현과 이에 따른 주민 강제 이주 등을 거쳐 성립된 동서 냉전체제는 민족 간의 분쟁과 지역 대립을 막았다. 하지만 베를린 장벽의 붕괴와 세계화의 진행이 오늘날 다시 국민국가의 기틀을 흔들기 시작했다.

전체주의는 국민국가 체제가 본격적으로 해체된 제1차 세계대전 이후 눈에 띄게 나타난 대중 현상, 기존의 법과 집단에 의해서 보장된 권리를 잃고 무방비한 존재가 된 대중의 등장을 배경으로 태어났다.

제3장

전체주의의 구조

몹과 엘리트의 역할

전체주의 운동의 주요 구성 요소는 대중이지만, 누구와도 연결되지 못하고 혼자가 된 대중은 자신들을 조직하지 못한다. 전체주의 운동이 광범위한 대중을 끌어들이기 위해서는 그들의 결집을 촉구하는 촉매가 필요하다.

전체주의 운동의 핵심이 되는 사람은 대부분 국민국가를 구성하는 계급에서 일찌감치 탈락한 "탈계급 분자", 즉 군중 몹이었다. 계급 사회 자체가 해체되면서

방향 상실 상태에 빠진 대중이 어떤 일에도 관심을 가지지 않는 반면, 몹은 대부분 기존의 체제와 사회에 대한 불만과 반역, 권력에 대한 갈망, 폭력 행사에 대한 욕구에 사로잡힌다. 특히 제1차 세계대전은 중화기에 의한 대량 살육을 눈앞에서 체험한 참호 세대를 대량으로 낳았다. 가혹한 전투와 살육의 경험은 왕왕 사람들을 정상적인 사회생활로 복귀하기 어렵게 만들었지만, 히틀러처럼 이러한 전쟁 체험을 이전의 사회와 전통으로부터의 "해방"으로 본 사람들도 많았다. 나치와 파시즘 운동의 지도자는 대부분 대전을 거치며 탄생한 대량의 몹으로 구성되었다.

한편 구사회의 엘리트층, 특히 지식인과 문화인 중에서도 나치즘과 파시즘의 운동에 공명하는 자들이 등장했다. 그들 역시 전통적 가치와 규범에 대한 심각한 회의에 사로잡혀 있었다. 이때 특정한 목적이 있는 것이 아니라 운동 그 자체, 행동과 거기에 따르는 파괴 그 자체에서 의미를 찾는 "행동주의"가 그들을 전체주의 운동으로 끌어들였다. 즉 "이 세계에 의미 있는 것, 가치 있는 것은 아무것도 없다"라는 허무주의는 19세기 말에 만연했지만, 다가오는 죽음을 앞두고도 파괴를 계속하는 전장에서의 체험은 그러한 사상과 정서에 현실감을 더해주었다.

특정한 강령과 정책 목표를 중시하지 않는 전체주의의 특징도, 정치 세계에서 흔히 볼 수 있는 편의주의에서 기인했다기보다는 행동주의가 불러온 운동 그 자체로의 경도에서 기인한 것이다. 전체주의 운동에서는 다른 정당과는 비교가 되지 않을 정도로 전면적 충성이 요구된다. 거기에서는 이미 엘리트와 대중의 구별이 없어진다. 엘리트는 "언제나 대체될 수 있는 대중"의 대표로, 언제나 대체될 수 있는 존재에 불과하다. 전체주의 운동에서 독자적인 의지와 사고를 가진 인간은 쓸모가 없다. 특정한 강령과 정책 프로그램은 설령 그것이 실현 불가능한 유토피아라고 할지라도 의견과 이론을 낳을 위험을 안고 있다. 따라서 히틀러와 스탈린은 당의 정책 프로그램에 관한 토론을 막고, 당의 강령을 사실상 무시했던 것이다.

기존의 사회 가치를 거부하고 기존의 것을 전부 파괴하는 것을 목표로 하는 지식인과 문화인에게, 몹이 행하는 범죄적 행위와 폭력, 그 운동이 가리키는 파괴 충동은 종래의 부르주아 사회의 도덕과 위선을 거부하는 "용기 있는 행동"이자 "새로운 생활 태도"를 제시하는 것으로 보였다. 하지만 그들이 지향하는 아방가르드 예술과 사상적 급진주의는 전체주의 운동의 지도자 히틀러와 스탈린의 비속한 예술관과는 양립할 수 없었다. 이에 따라 운동이 권력을 쥐었을 때, 그들은 가장 먼저 배제되었다.

　기존의 가치가 실추되고 목표를 상실하는 심각한 위기의 시대에 사람들은 "행동주의"의 유혹에 끊임없이 시달리게 된다. 하지만 그것이 불러올 폭력과 파괴는, 기성의 것들에 반항하는 척하는 지식인과 문화인이 지적 정서와 미적 패션을 즐기는 데에서 끝나지 않을 것이다.

"세계"에 대한
현실감을 상실하다

아마도 인간이 인간으로서 살아가기 위해서는 "나는 어디에서 와서 지금 어디에 있는가, 앞으로 어디로 가려고 하는가"를 가리키는 지침과 이정표가 필요한 것 같다. 그러기 위해서는 이 세계 속에서 자기 자신이 어디에 있는지를 확인해야 한다. 일상의 경험을 통해서 그것을 끊임없이 확인해야 "세계"를 실감할 수 있다.

그러나 뿔뿔이 흩어진 상태로 타인과의 관계가 단절된 대중은 그때까지 귀속 집단의 관습과 전통으로부터 암묵적으로 얻었던 지침과 좌표를 얻지 못한다. 그로 인해서 세계가 존재한다는 현실감을 잃는다.

그들은 눈에 보이는 것은 아무것도 믿지 않는다. 자기 자신이 경험한 현실을 믿지 않는 것이다. 그들은 자신의 눈과 귀를 신뢰하지 않으며, 그저 상상만 믿는다. 그들의 상상이 보편적이고 일관된 것이라면 그것의 포로가 될 수도 있다. 대중을 납득시킬 수 있는 것은 사실도 아니고 날조된 사실도 아니다. 대중은 그 일부가 될 체제의 일관성만을 믿는다. 반복의 중요성이 자주 과대평가되는 이유는 일반적으로 대중의 이해력과 기억력이 뒤떨어진다고 믿기 때문인데, 중요한 것은 반복하면 마지막에는 그 일관성을 납득시킬 수 있다는 점이다.[1]

계급 사회의 해체로 자신의 기반을 뿌리째 빼앗긴 대중은 자기 자신의 경험마저 믿지 못하게 된다. 설령 물리적으로 가깝다고 해도 서로 아무 관계도 없으며 무관심하다는 의미에서 고립된 개인은 서로가 공통된 "세계" 속에서 살고 있음을 실감하지 못한다. 그뿐인가, 자기 자신이 보고 겪은 것도 "진짜"라고 생각하지 못한다. "세계" 속에서 자신이 있을 곳을 잃은 대중은 이제 자신과 어울리지 않는 세계, "허구의 세계"에서 도피하려고 하는 것이다.

전체주의는 그러한 대중의 상상력에 호소하여 이 세계와 그들의 경우를 그 나름대로의 수미상관 방식으로 설명한다. "이 세계가 이렇게 살기 힘든 것은 유대인이나 일부 특권계급의 책임이며, 그들이야말로 이 세계의 배후에서 모든 것을 좌지우지하는 장본인이다. 따라서 그들을 타도하면 지금 여러분의 처지는 근본에서부터 달라질 것이다"라는 식으로. 황당무계한 설명이지만, 그러한 설명을 믿는 것은 대중이 어리석기 때문이 아니다. 그보다는 오히려 그들에게 상상력이 있고, 그들이 자신들이 의지할 수 있는 일관된 지침을 바라기 때문이다. 이렇게 보면 어리석은 대중에 대한 악의적인 선동과 세뇌에 의한 지배라는 비판은 전체주의의 본질을 오해하는 것이다. 대중이 스스로 경험한 현실감을 되찾지 못한다면, 전체주의의 유혹을 거부하기 어려울 것이다.

종종 음모론이라고 일컬어지는 이러한 설명에 그때까지와 다른 참신한 내용이 포함되어 있는 것은 아니다. 전체주의가 대중을 동원하기 위해서 이용하는 이데올로기, 그 세계관과 교리의 내용 자체는, 그것이 "인간에게는 혈연 혹은 유전적 형질에 의한 종족의 차이가 역력히 존재하며, 고귀한 종족이 지배하지 않으면 인

류는 열등한 종족에 의해서 오염되고 쇠퇴한다"는 나
치의 인종 이론도, "억압된 노동자 계급이야말로 새로
운 세계 형성의 기수이며, 노동자를 착취하고 이 사회
에 기생하는 자본가를 비롯한 지배계급을 타도해야 한
다"는 스탈린 체제의 계급이론도, 대략 19세기에 등장
한 사회의 진화와 역사의 발전을 설명하는 구도에서 빌
려온 것이다.

전체주의의 특징은 그러한 이데올로기의 내용이 아
니라 고립된 개인을 끌어들이는 "운동" 그 자체에 있다.

전체주의의 구조

전체주의는 종종 "폭정"이나 "권위주의 체제" 등과 혼
동되는데, 아렌트는 억압적 지배체제 일반과 전체주의
의 차이를 다음과 같이 기술했다.

권위주의적 체제가 초월적 권위를 가진 인물을 정점
으로 계층적으로 구성된 피라미드와 같은 구조라면,

그러한 계층제를 파괴하고 모든 구성원이 한 명의 지배자에게 복종한다—지배받는 자들은 서로 평등하다는 의미에서는 "평등주의" 성격을 가진다—는 것이 폭정 혹은 전제 지배이다.

이러한 억압 체제와 달리, 전체주의는 명확한 구조로 되어 있지 않고, 구조 자체를 파괴하는 운동이라는 특징이 있다. 지도자를 중심으로 광범위한 대중을 끌어들인 운동체의 특징을 그림으로 표현하면 다음 쪽과 같다.

전체주의의 운동체는 총통에서부터 시작해서 중심적 지도자들, 당의 각급의 간부와 일반당원, 나아가 지지자와 동조자 등의 단체(프런트 조직)가 당을 둘러싼, 마치 양파같이 층층이 겹친 다층적 구조로 되어 있다. 각급의 리더와 기관 사이에는 명확한 권한 배분과 경계가 없으며, 그들 사이의 세력 투쟁에서 생기는 역동성과 혼란을 특징으로 한다. 운동이 정권을 얻은 뒤에는 여기에 각종 관청과 국가기관도 더해져 혼란이 심화된다. 여기에서 중요한 것은 운동의 각층을 구성하는 리더와 엘리트, 일반당원, 동조자의 상호 관계이다.

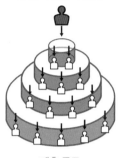

권위주의 체제	폭정(독재)
초월적 권위의 원천	지배자
계층 구조	피지배자는 "평등"

권위주의 체제

초월적 권위의 원천으로부터 권한을 받은 인간 집단의 지배. 권위의 원천과의 거리에 따라—가령 종교적 교리의 습득 정도에 따라—서열이 형성되며, 명령과 복종에 일정한 법칙이 있다. 권력을 제약 없이 행사할 수는 없기 때문이다.

폭정(독재)

한 인간(혹은 인간 집단)이 직접 피지배자 각각을 지배하는 체제. 지배자의 권력 행사 원칙과 그것을 뒷받침하는 계층 구조와 전통은 없다. 각각의 피지배자가 직접 지배자와 마주 선다는 점에서는 "평등하지만", 피지배자들이 서로 연대하는 자리는 없다. 지배와 복종을 위한 명확한 법칙 없이 폭군의 자의와 변덕에 좌우된다. 이 구조에서는 폭군의 자의에 똑같이 휘둘리면서 그 의향을 넘겨짚어 타인에게 억지 명령하는 무수한 "소폭군들"이 생긴다. 고대 그리스의 "참주(tyranos)"에서 나온 "폭군(tyrant)"과 아시아적 전제군주(despot)는 어원도 체제도 다르지만, 몽테스키외와 루소를 위시한 근대 서양의 정치사상이 탄생한 이후에는 양자가 거의 동의어로 사용되고 있다.

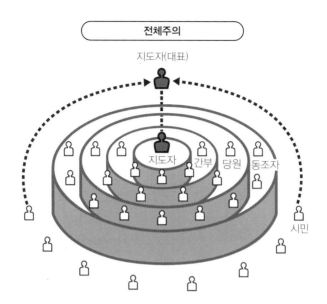

전체주의

지도자(대표)

지도자　간부　당원　동조자

시민

전체주의

지도자를 중심으로 일종의 계층제를 이루고 있지만—각 계층 사이에 일정한 장벽이 있다—권위주의 체제와 같은 확고한 계급 구조가 아닌 운동체라는 점이 특징이다. 그런 의미에서는 나이테 모양의 바움쿠헨보다 중심을 향해 구성원을 끌어들이는 소용돌이 모양의 롤케이크와 같은 이미지가 잘 맞을지도 모른다.

그러한 눈에 보이지 않는 계층—각각의 계층에 보이는 세계의 경치는 다르다—의 중심에 있는 지도자는, 동시에 대외적으로 운동 전체의 "대표"로 부상한다. 이것이 종종 전체주의 지도자를 "폭군", "전제군주" 혹은 "독재자"와 유사한 지위로 끌어올린다. 전체주의의 독특한 계층 구조로 인해서 자유주의자는 이것을 "권위주의 체제"와 구별하지 못하고, 보수주의자는 "폭정"의 일종으로 본다. 자유주의와 보수주의 정치사상이 전체주의에 무력한 이유가 바로 여기에 있다.

이상하리만치 다종다양한 운동 분야, 다시 말해서 프런트 조직, 각종 업종단체, 당원, 당 관료기구, 정세 조직, 경찰집단 등을 비롯한 모든 부분의 각각이 한 면에서는 정면facade이 되면서 다른 면에서는 중심이 되는 형태로 서로 연결되어 있다. 요컨대 운동의 외부층은 내부에 대해 정상적인 외부 세계 역할을 하며, 내부층은 외부에 대해 극단적인 과격주의를 연기하는 식이다. 이 체제의 큰 이점은 각층에 이 운동이 정상적인 세계와는 다르며 그보다 더 과격하다는 것을 자각시키면서도, 동시에 전체주의적 지배라는 조건 아래에서도 정상적인 세계에서 살고 있다는 허구를 제공한다는 점이다.[2]

"허구와 경멸"의 서열

지도부를 층층이 둘러싸고 있는 간부와 각종 단체가 완충장치가 되어 외부 세계와 격리된 "허구의 세계"를 보장한다. 다만 전체주의 운동에서는 중심으로 간다고 해서 이데올로기를 신봉하는 정도가 강해지는 것은 아니다.

> 여기에서는 뜻이 통하지 않는 시민을 프런트 조직의 동조자가 경멸하고, 쉽게 속아 넘어가고 과격하지도 않은 지지자를 당원이 경멸하며, 같은 이유로 일반당원을 엘리트들이 경멸한다. 또 엘리트들 안에서도 새로운 조직이 설립되고 발전하면서 똑같은 경멸의 서열이 형성된다.[3]

당을 둘러싼 지지자들은 일반시민의 무지를 경멸하지만, 과격한 운동에 자진해서 가담할 만한 배짱은 없다. 물론 그들이 당의 선전을 믿고 열광적으로 지지하지 않았으면 당과 그 지도자는 외부 세계에서 일정한 신용을 얻지 못했을 것이다.

반면 당원은 지지자나 동조자처럼 당의 공식성명을 믿지 않아도 된다. 전체주의는 오히려 그런 외부에 하는 설명을 그들이 믿지 않게, 당 내부용 프로파간다를 실시하기도 했다. "당원 제군들은 일반인과 동조자와

달리 사안의 본질을 간파하는 우수한 이해력을 가지고 있다"는 식으로 그들의 자존심을 은근히 자극한 것이다. 당원들도 안과 밖을 명확히 구별하려고 했다. 가령 1930년 9월에 나치를 지지하여 국가반역죄로 기소당한 울름 포병대 사관 3명의 재판에 증인으로 참석한 히틀러가 "우리 운동에는 폭력이 필요 없다"며 합법성을 준수하겠다고 선언했을 때, 아니면 1933년 5월에 독일의 재군비 요구를 둘러싸고 제네바 군축회의가 시끄러운 가운데 히틀러가 국회에서 "우리는 평화와 우호 속에 다른 국민과 공존하기를 진심으로 바란다"고 연설했을 때, 당원들은 그것이 거짓말임을 알았다. 그런데도 오히려 여론과 국가를 속이고 우롱하는 히틀러에게 갈채를 보내며 히틀러의 수완과 능력을 더욱 강하게 신뢰했던 것이다.

대외적인 선전을 믿지 않는 당원에게 정신적 지주가 되어준 것은 이데올로기였다. 운동의 전면에 서서 다양한 현실과 맞닥트렸을 때, 세간과 시민의 비판과 저항, 대립하는 적대자와의 투쟁에 직면하고 이를 과격한 수단으로 배제 및 분쇄해야 했을 때, 그 이유를 일관되게 설명해주는 것이 이데올로기였기 때문이다. "우리는 지금 유대인 및 그들과 결탁한 자본가의 최후의 저항에 직면해 있으며, 귓가에 들리는 것은 그들의 단말마와 같은 절규이다"라고. 운동의 진전과 거기에서 탄생한 저항, 폭력에 의한 처참한 탄압도 당원들의 눈에는 이데올로기의 예언을 실현하는 것으로 비쳤을 것이다.

"거짓과 경멸의 서열"의 중심에 있는 엘리트들에게 이데올로기가 보여주는 허구의 세계와 현실의 괴리는 이미 문제가 되지 않았다. 오히려 전체주의 엘리트 교육은 현실과 허구를 구별하는 능력을 근절하는 데에 주안점을 두었다. 히틀러가 "유대인은 전부 열등한 인종"이라고 단언하면, 그 말은 그들에게 "모든 유대인을 죽여야 한다"는 명령을 의미했다. 그런 명령을 주저하지 않고 실행에 옮길 수 있어야 엘리트라고 증명하는 셈이었다.

정상적인 세계에 사는 시민, 혹은 그들과 일상적으로 접하는 평당원이라면 유대인을 죽이라는 명령을 받아도 주저하며 당장에 그것을 실행하지 못할 것이다. "유대인은 열등한 인종이라서 이러이러한 이유로 국가와 사회에 해악을 가져온다"라는 구체적인 설명을 듣고 납득하지 않으면, 보통은 범죄로 일컬어지는 행동을 하지 못한다. "유대인은 열등한 인종이다"라는 말을 "유대인을 이 세계에서 말살해야 한다"라는 명령으로 해석하고 실행하기 위해서는 현실 세계와 접촉하며 생기는 마찰, 일반시민의 비난과 평당원의 망설임 등을 통해서 느끼는 현실 감각을 억누르고 허구와 현실의 구별을 지워야 한다.

허구 세계를 둘러싸고 벌어지는 전체주의 운동의 안쪽에서는, 운동이 조직되고 권력을 얻을수록 "허구"가 현실이 된다. 여기에서는 운동 그 자체가—거기에 휩쓸린 자들 각자의 계층에 맞는—자신이 실제로 인정받는 듯한 느낌을 제공한다. 운동이 역동성을 잃고 허구를 현실로 만들지 못할 때, 전제주의는 붕괴의 길을 걷기 시작하는 것이다.

지도자의 역할

전체주의 운동에서는 지도자의 역할도 바뀐다. 전체주의 지도자에게 필요한 자질은 대중선전에서 선동하는 능력도 아니고, 관료적으로 조직을 운영하는 기술도 아니다. 물론 전체주의 운동이 성립되는 시점에는 다수의 사람들을 불러 모으는 지도자의 걸출한 능력이 필요하다. 그러나 운동이 다수의 사람들을 끌어들여서 자동으로 뻗어나가는 단계가 되면, 지도자 개인의 능력과 자질은 그렇게 중요하지 않게 된다. 전체주의 운동에 필요한 지도자의 역할에 대해서 아렌트는 다음과 같이 말한다.

지도자의 최대 임무는 운동의 모든 층에서 특징적인 이중 기능을 인격으로 체현하는 것이다. 그는 운동을 외부의 세계로부터 지키는 마술적 방벽인 동시에 운동과 세계를 잇는 다리이다. 지도자는 통상의 어떤 정당 지도자와도 전혀 다른 방식으로 운동을 대표한다. 그는 당원과 직원이

그 공적 자격으로 했던 모든 행동, 작위, 부작위에 대한 인격적 책임을 받아들인 자이다.4

전체주의 운동의 독특한 다층적 구조는 외부의 세계에서 구성원을 각각의 단계에 맞게 차단하고 방어하지만, 지도자는 중심이면서도 외부 세계를 직접 상대하고, 운동이 만들어내는 허구 세계의 주인들을 외부 세계의 현실로부터 보호하는 수호자이다. 외부인의 눈으로 보면, 지도자는 운동의 구성원을 대표하는 존재이며, 그의 말과 행동은 운동의 이념과 실태를 가리킨다. 운동 내부의 허구 세계에 사는 사람들과 외부 세계에서 운동을 바라보는 사람들의 견해는 다르지만, 어디에서 보더라도 지도자는 운동을 대표하고 그 책임을 지는 사람이다. 무엇보다 그는 구성원의 요구와 의지를 대변하여 운동의 이념을 세간에 알리는 통상의 대표와는 전혀 다르다. 지도자는 운동이 만들어내는 외부 세계와 허구 세계의 이중 구조 자체를 체현한다는 의미에서 운동을 "대표한다"고 볼 수 있다. 전체주의 운동에서 지도자의 존재가 필요한 이유도 여기에 있다. 그리고 또한 그런 지도자의 역할이 전체주의 체제를 전제 지배나 폭정 일반과 종종 동일시하게 만든다.

따라서 지도자의 암살은 다른 체제 이상으로 심각한 영향을 가져온다. 중심을 잃으면 운동은 힘을 잃고, 운동 자체가 만들어낸 역동성 외에 딱히 지지 기반이 없는 체제는 붕괴하게 될 것이다.

그러나 제2차 세계대전 말기에 발생한 히틀러 암살 미수 사건(1944년 7월 20일)이 보여주듯이, 암살의 실패는 중심부의 결속을 일시적으로 강화한다. 암살이 실패한 뒤에도 히틀러를 배제하려는 시도가 완전히 사라진 것은 아니다. 패전이 이미 필연임을 히틀러조차 인정할 수밖에 없는 상황에서도, 지도층에서는 히틀러를 배제하고 전쟁을 끝내려는 움직임이 일어나지 않았다. 그들도 사태가 절망적임을 인정하면서도, 또 아침저녁으로 바뀌는 히틀러의 명령을 냉정한 눈으로 바라보면서도 간언을 해봤자 소용이 없다고 포기한 것인지, 혹은 영웅적 파멸을 바라는 히틀러와 함께 죽을 각오였

느지 그 명령에 따랐다. 개별적으로 떨어져 나가는 자는 있었지만 지도부 전체가 마지막까지 히틀러의 마법에서 해방되는 일은 일어나지 않았다. 국민의 대다수가 전쟁의 종식을 바랐고, 운동의 역동성도 거의 사라져서 운동을 둘러싼 동조자와 지지자들이 하나하나 떨어져 나갔으며, 리더도 한 명씩 빠져 나갔는데도, 때로는 탈락자를 처형하고 잘라내면서 체제는 파멸을 향해 나아갔다. 서쪽 연합국과 소련에 의해서 독일의 전 영토가 분단되고 수도 베를린에 있던 총통 벙커가 소련군의 손아귀에 떨어지기 직전, 히틀러가 자살하던 최후의 순간까지 그 공허했던 중심은 운동을 계속했던 것이다.

테러
| 내부 적의 배제

적대하는 집단의 배제와 차별은 인류의 역사와 함께 유구히 지속되어왔다. 적대 집단과의 투쟁 논리가 머지않아 집단 자신의 내부로 향하고, 내부 적의 적발과 처형이라는 형태로 행사되어온 것이 전체주의 "테러"의 첫 번째 특징이다.

폭력이 따르는 위협에 의한 공포정치라는 의미에서 테러가 역사의 무대에 처음으로 등장한 것은 프랑스 혁명 때였다. 프랑스 혁명의 지도자들은─민중과 구체제 구성원이 아니라─서로를 적으로 고발했다. 그 결과 지도부가 차례로 교체되었고, 더욱 급진적인 당파가 지도권을 장악했으며, 그것이 다시 숙청을 불러왔다.

러시아 혁명의 볼셰비키 테러와 숙청도 프랑스 혁명의 지도부가 하던 자기 숙청의 뒤를 충실하게 따랐다. 혁명에 반대하는 반동 세력이 아니라 자신의 당파 내부에서 적과 내통하는 배신자를 색출하고, 그들을 혁명의 적으로 고발, 고문하여 자백을 끌어낸 것이다. 이렇듯 죄를 고백하고 "혁명 만세"라고 외치는 피고를 사살하는 테러는 혁명 정당의 지도자와 간부에게까지 미쳤는데, 이것이 전체주의 테러의 특징이었다.

나치 테러도 예외는 아니었다. 국민사회주의 노동자

당이라는 명칭이 보여주듯이, 나치도 다른 사회주의 정당과 마찬가지로 자본가를 비롯한 기득권자의 지배 타파, 정치, 경제 체제의 근본적인 전환을 주장했다. 예를 들면 나치의 강령은 불로소득의 철폐, 전시 이득의 회수, 독점 기업의 국유화와 대기업 이익의 분배, 토지 개혁과 지대와 토지 투기의 금지 같은 사회주의적 요구를 내세웠다. 마르크스주의로 대표되는 좌익 논리에서 많은 것을 흡수 혹은 표절한 "유사 혁명적 성격"이 종래의 보수 정당, 반동 세력과 나치를 구별하는 특징이었다. 그러한 나치의 유사 혁명적 성격은 테러를 행사할 때에도 드러났다. 당의 실력행사 부대였던 돌격대의 지도자 에른스트 룀Ernst Röhm—한때는 히틀러와 어깨를 나란히 하는 지도자로 지목되었다—을 비롯한 돌격대 간부와 나치 좌파 그레고르 슈트라서Gregor Strasser 등을 구속하고 재판 혹은 처형한 "룀 사건"은 운동지도부의 자기 숙청인 좌익 테러와 유사하다.

"잠재적인 적"의 적발

그러나 스탈린이 권력을 장악했던 소비에트 러시아와 뢈 사건 이후의 나치 체제에서 진행된 테러는 그때까지 좌익에서 볼 수 있었던 전형적인 테러, 즉 적의 내통자 적발에서 한 발 나아간 것이었다. 전체주의에서 볼 수 있는 특유의 테러는 여기서부터 시작되었다.

전체주의 체제에서 비밀경찰이 주도하는 억압과 테러는 정치적 반대자, 반체제파의 조직과 일원이 제거된 후에 본격적으로 시작된다. 비밀경찰은 위험한 사상을 가진 요주의 인물을 감시하거나, 스파이를 통해 과격한 집단을 적발할 필요가 없다. 염탐의 대상이 되는 적이 현실에 존재하지 않게 된 뒤에는 체제를 전복시키려는 실제 행위나 그런 주관적 의도가 있었느냐와 상관없이, 객관적인 기준에서 "잠재적 위험 분자"로 판단된 인물이 표적이 되기 때문이다. 특정한 계급과 민족, 인종 등의 집단에 속한 인간이 체제에 위험한 잠재 분자, 사회에 해악을 초래할 부패 분자로 감시와 구속의 대상이 된다. 또 이데올로기에 의해서 적으로 간주되던 집단이 근절된 뒤에는 상황에 맞게 새로운 적이 설정되고, 이 잠재적인 적과의 투쟁이 한없이 계속된다.

가령 나치는 유대인이 멸종되리라 예상하고 폴란드 인을 "청산하기" 위한 준비에 나섰고, 히틀러는 독일 민족의 "건전화"을 위해서 기질적인 질환이 있는 사람들을 전부 섬멸하려는 계획을 세웠다. 러시아 공산당의 지배 아래에서는 혁명 이전 구체제의 지배계급 자손을 섬멸하려고 했으며, 1920년대 말에 시작된 농업 집단화 과정에서는 저항하는 농민을 적대계급인 부농(쿨라크)으로 보아 전면적 테러의 대상으로 만들었다. 또한 1930년대 대숙청의 시기에는 당과 국가의 간부를 시작으로 일반당원과 민중까지 폭넓게 테러의 대상이 되었다. 제2차 세계대전이 일어나기 직전부터 대전이 일어나는 동안에는 러시아인이라도 폴란드 출신인 사람, 크림 반도의 타타르인, 볼가 강 유역에 사는 독일인이 섬멸 대상이 되었다. 전쟁이 종결된 후에는 전시에 체포된 사람과 서방에 주둔한 경험이 있는 사람들이 "위험한 경향의 소유자"로 적발과 감시의 대상이 되었다. 또한 팔레스타인에 유대인 국가 이스라엘이 탄생한 뒤에는 러시아 내부에 사는 유대인도 감시 대상에 추가되었다. 스탈린 체제가 존속되면서 섬멸 대상이 더 새롭게 추가된 것이다.

배제의 기준은
임의로 변경될 수 있다

특정한 적과 이단자 배제가 문제가 된다면 그 사람과 집단을 구속하고 국외로 추방하거나 강제수용소로 보내버리면 된다. 그러면 치안 유지라는 체제의 목표가 일단은 달성되고, 적어도 겉으로는 "정상적인" 시민생활로 복귀할 수 있을 것이다. 그런데 여기에서 "잠재적인 적"이란, 배제 대상을 당국의 사정에 따라서 임의로 확대할 수 있는 개념이다. 실제로 죄를 저지른 사람이 아니라 "범죄를 일으킬 가능성이 있는 자"를 예방 차원에서 구속하고 처분하라는 식이면 잠재적으로는 누구나 적발 대상이 될 수 있기 때문이다. 범죄나 반란 의도를 명확히 보여주는 증거, 그러한 의도를 주관적으로 가지고 있다는 증거도 없으면서 그 인간이 일정한 인간 집단에 객관적으로 귀속되어 있다는 이유만으로 체포되는 것이다.

특정 집단에 대한 "객관적" 귀속 기준이 과학적 근거를 가질 필요는 없다. 나치의 지배 아래에서는 인종주의적 이데올로기에 근거하여, 유전 형질과 계도, 그 외의 신체적 특징으로 유대인인지 아닌지가 판정, 선별되고, 정신질환과 그 질환을 앓는 것이 "정상적인" 정신 자질에서 벗어난다고 배제되었지만—그것이 과학적 기준을 근거로 하는지 근거로 하지 않는지의 문제는 제쳐두고라도—그 배제의 이유가 생물학과 의학 등 특정한 관점에서 판단된 것이라고는 할 수 없었다. 오히려 선별과 배제의 기준이 임의로 변경할 수 있다는 점이 특징이었다.

이렇게 해서 전체주의의 지배를 받으면 용의자의 범위가 전 인구를 포괄하게 된다. 공식적인 명령에 따라 끊임없이 바뀌는 노선에서 조금이라도 벗어나면, 그것이 어떤 인간 활동 영역이든 그 사람은 용의자가 된다. 그도 그럴 것이 생각할 수 있다는 인간의 능력은 다시 말하면 변심할 수 있음을 말해주기 때문이다. 게다가 타인의 마음을 알기란 불가능해서—그래서 고문이란 불가능한 것을 달성하려는 영원한 절망적 시도인 셈이다—만약 어떤 공동의 가치와 확정적 이익이 사회적(단순히 심리적인 것과는 다르다) 실체를 가지지 않는다면 혐의는 결코 풀리지 않는다. 따라서 서로 간에 시기하고 의심하는 마음이 전체주의 국가의 온갖 사회관계에 침투하고, 비밀경찰이 어떤 한계를 뛰어넘어 곳곳에 침투하는 분위기가 조성되는 것이다.[5]

"잠재적인 적"의 대상이 한없이 확대되고 누구나 그 대상이 될 수 있는 사회에서, 테러와 이에 따르는 공포는 사람들에게 큰 의미가 되지 못한다. 언제 어디에서 자신이 체포되어 말살될지 모른다는 공포도 그것이 일상화되면 머지않아 인간은 공포로부터 도망치는 것조차 포기하게 된다. 아이러니하게도 전체주의하에서 비밀경찰의 지배가 전면화되면 사람들을 몰아붙이는 수단인 "공포"의 유효성이 떨어진다. 공포의 회피가 자신의 몸의 안전을 지키기 위한 행동 원칙으로 통용되지 않는 세계에서 인간은 그 순간의 자극에만 반응하는 파블로프의 개와 같은 존재가 될 것이다. 그리고 이윽고 사람들은 그러한 자극에도 반응하지 않게 된다. 강제수용소에서 진행된 것이 그러한 사태였다. 그곳에서는 인간이 죽기도 전에 "살아 있는 시체"가 되었다. 그런 의미에서 절멸수용소를 "시체 제조 공장"이라고 비유하는 것조차도 여전히 불충분하다.

"자비로운 죽음"

특정한 인간 집단의 배제가 반드시 그 집단에 대한 차별의식과 증오를 낳지는 않는다. 인종차별이 아닌 다른 차별 감정에 원인을 돌리고, 차별의식의 표명과 차별을 교사하는 발언에만 주목하면 전체주의하에서 진행되는 테러의 실상을 잘못 파악하게 된다.

아우슈비츠를 비롯한 절멸수용소에서 사용되던 독가스 살육 방법도 처음부터 유대인에게 적용하기 위해서 개발된 것은 아니었다. 그것은 본래 만성적, 말기적 질환을 앓는 병자를 "안락사"하는 방법으로 준비된 것이었다. 1939년 개전과 동시에 히틀러는 "불치병자에게는 자비로운 죽음을 내린다"라는 포고를 내리고 중도의 장애가 있는 아동과 정신장애자를 대상으로 하는 "안락사" 조치를 시행했다. "더 이상 살아봤자 쓸모없어 보이는 병자는 속히 죽음을 맞게 해주는 것이 본인을 위한 길이다"라며 요양시설, 샤워실이라는 이름의 가스실이 설치되어 1941년 8월까지 약 7만 명이 희생되었다. 이 수법이 시설 및 기술자와 함께 유대인의 강제수용소로 변용된 것이다.

1941년 독소 전쟁이 시작되자 동부 전선에서는 친위대 중심의 "특별행동 부대"가 파르티잔과 공산당원을 적발하는 동시에 유대인을 살해했다. 이것이 차츰 "가스 살해" 방식으로 전환된 이유는 총살로 대량으로 처형하려면 수고가 들 뿐만 아니라, 사살하는 대원에게도 큰 "정신적 부담"이 지워지기 때문이었다. 그들의 부담을 줄여주기 위해서라도 더 "인도적인" 처형 방법이 필요했던 것이다.

물론 나치 치하에서 실행된 가스실에서의 "안락사"가 인도적인 "자비로운 죽음"이라는 것은 실태를 가리기 위한 수사였다. 그러나 "안락사"라는 방책이 유대인을 위해서 개발된 것이 아니었다는 점에 주의해야 한다. 그들은 애초에 유대인 같은 "열등 민족"에 "자비로운 죽음"이 필요하다는 생각조차 하지 않았다. 유대인을 먼저 차별한 뒤 그에 맞추어 가스실을 이용한 대량 살육이라는 "비인도적인" 방법이 고안된 것이 아니다. 따라서 설령 유대인을 차별하는 의식을 없앴다고 해도 대량 살육을 막을 수는 없었을 것이다. 대량 학살로 이어지는 전체주의 테러는 개별 인간 집단에 대한 차별과 증오를 넘어서 진행되었기 때문이다.

"살 가치가 없는 생명에게 자비로운 죽음을"이라는 "안락사" 문제도 신체장애자나 정신장애자에 대한 차별과는 일단 구별해서 생각해야 한다. 물론 나치 정권에서 "장애가 있는 사람의 유전적 형질은 건전한 인간을 유지, 육성하기 위해서 도태시켜야 한다"는 우생학 사상을 토대로 단종(불임수술)과 안락사 계획이 빠르게 추진된 것도 사실이고, 나치가 이를 지배에 이용한 것도 사실이다. 또한 수많은 학자와 의사들이 권력을 추종하는 한편 자신의 연구와 업적을 달성하기 위해서 정권에 적극적으로 협력한 것도 사실이다. 하지만 과학기술, 의료기술이 발전하고 유전자 조작기술로 "생명 선택"을 인간의 손에 넣으려는 현재, 인류는 "살 가치가 있는 생명"이란 무엇인가, "인간에게 상응하는 삶"이란 무엇인가라는 질문에 직면하고 있다. 그 질문에 나치와 다른 대답을 줄 수 있느냐가 전체주의가 다시 등장하는 것을 막는 하나의 열쇠가 될 것이다.

비밀경찰,
그리고 상호 감시의 지옥

따라서 강제수용소에서 일어난 대량 학살, "시체 공장"
의 무시무시함에만 주목해서는 전체주의의 진정한 무
서움을 놓치게 된다.

　탄압을 피해서 지하로 들어간 반체제파를 각종 수
단―협박과 매수, 간첩과 내통자를 이용한 내정 파악,
나아가 도발과 사주로 과격분자를 색출하고 체포하는
등―으로 드러내놓고 이용할 수 없는 비합법 내지는
탈법적인 조사를 하는 것이 비밀경찰의 "비밀스러운"
소행이었다. 이런 방책은 내란과 국가전복 예방조치,
치안 대책으로서 여러 체제에서 사용되었지만, 전체주
의 체제에서는 "비밀경찰"이 전면에 나섰다.

　전체주의 체제에서는 "비밀경찰"이―절반은 "공공연
한 비밀"의 존재가 되어―사회의 구석구석까지 침투한
다. 이제 모든 시민이 "잠재적인 적"으로서 적발 대상이
된다. 실제로 범죄를 저지르지 않아도 일정한 범위 안

에서 차별과 선별이 이루어지고 "잠재적인 적"의 기준을 충족하는 사람은 격리된다. 시민은 자신이 그러한 선별의 대상이 되지는 않을지, 자기 안에 "내부의 적"이 있지는 않은지 스스로를 끊임없이 감시해야 한다.

그뿐만이 아니다. 누구나 자신의 무고함을 증명해야 하는 사회에서 인간은 타인을 고발하고 체제에 충실한 시민임을 보여주어야 한다. 그러한 상호 감시 사회에서는 그때까지 "비밀경찰"이 쓰던 협박이나 매수, 내통자 등의 고전 수단이 한층 더 맹위를 떨치게 된다. 온갖 인간적인 교류와 대화가 감시와 밀고의 대상이 된다. 나치 체제가 붕괴된 후, 소련의 지배권에 들어간 동독에서는 국가보안성(슈타지)이 본국 소련의 국가보안위원회KGB와 나치 체제하의 게슈타포를 능가하는 규모의 비밀경찰이 되어 약 9만 명의 보안성 직원이 17만 명의 협력자, 밀고자를 조직했다고 한다. 장벽이 붕괴된 후에 남은 막대한 양의 슈타지 문서에는 직장 상사와 동료, 가족과 친구 등이 수집하고 녹음한 시민들의 직장 및 가정 내 사생활에 이르는 세세한 개인정보가 들어 있었다.

오늘날 인터넷, 휴대전화 등의 통신기술과 미디어의 발달은 통신의 검열과 도청 같은 고전적인 비밀경찰의 수법에 혁신을 일으키고 상호 감시와 적발을 위한 새로운 수단을 제공하게 될 것이다. 별것 아닌 대화와 통신에 사용된 특정 용어와 언어를 검색하여 요주의 인물 목록을 작성하고, 선동적 글쓰기에 대한 반응을 토대로 위험인물을 특정할 것이다. 각종 방범 대책, 보안 대책으로 설치되는 방범 카메라와 기타 센서에 보안 체크 체제를 집어넣으면, 과도한 스트레스로 공격적인 행동을 보이는 요주의 인물을 감시하는 일이 오늘날에도 가능하다.

이러한 정보 네트워크를 집약함에 따라서 개인의 의도나 의지와 상관없이 사회에 위험한 "잠재적인 적"을 선별하고 감시하는 체제는 이미 디스토피아적 상상이 아닌 현실에서 이루어지고 있다. 그러한 기술 발전을 토대로 새로운 형태의 전체주의가 나타나는 것도 충분히 생각해볼 수 있다.

제4장

전체주의가 파괴하는 것

전체주의의 도래를 막기 위해서는 무엇이 필요할까.

전체주의에 저항하여 인간의 본래 모습을 되돌리려면 전체주의가 대체 무엇을 파괴하는지를 밝혀야 한다.

인간관계 그물망으로서의 "세계"

아렌트는 저서 『인간의 조건 *The Human Condition*』에서 인간이 하는 "활동$_{activity}$"을 "노동$_{labor}$", "일$_{work}$", "행위$_{action}$"

로 분류했다.

　생명을 유지하기 위해서 필요한 식량 등의 물자를 생산하고 소비하는 활동이 "노동"이다. 노동이 자연과의 물질대사라는 생명 활동에 완전히 편입되는 것이라면, "일", 다시 말해서 "제작"은 자연 소재에 손을 대서 구체적인 물질을 만드는 활동을 가리킨다. 이는 자연의 순환 과정에 일시적으로 저항하여 인간이 사는 "세계"의 토대를 건설한다.

　노동과 일이 기본적으로 자연이 주는 소재를 상대로 한 활동이라면, "행위"는 인간 사이에서 이루어지는 활동이라는 특징이 있다. 인간이 태어나기 위해서는 세 가지 활동이 서로 잘 뒷받침되어야 하는데, 아렌트에게 인간을 인간으로 성립시키는 것—다른 생물과 동물과는 다른 인간 특유의 활동—은 다름 아닌 인간이 다른 인간과 함께 하는 "행위"이며, 그 전형적인 예가 자유로운 시민이 서로 협력하고 때로는 대립하며 경쟁하는 정치 활동이다. 행위란 인간이 자신의 의지로 하는 활동이라는 점에서, 그것도 타자와의 상호 관계에 의해 그 결과가 좌우된다는 점에서, "예측 불가능하다"라는 최대의 특징이 있다.

　인간 현상의 영역은 엄밀히 말하면 그물망처럼 뻗어 있던 인간관계 네트워크로, 인간이 함께 사는 곳에서는 어디든 존재한다. 말이나 글을 통해서 "어떤 사람인가"를 드러내는 것, 행위를 통해서 새로운 일을 시작하는 것은 이미 존재하는 그물망 속에서 이루어지고, 결과 또한 즉시 이 그물망에 나타난다. 말과 글, 행위를 통해서 시작된 새로운 과정은 결국에 새로 진입한 자의 유일무이한 생애의 이야기이면서, 동시에 그가 접촉한 모든 타자의 유일무이한 생애의 이야기에 영향을 미친다. 대부분의 행위가 그 당초의 목적을 달성하지 못하는 이유는 이미 거기에 인간관계의 그물망이 존재하며 무수한 의지와 의도가 서로 대립하기 때문이다. 그러나 한편으로 그물망에는 사람들의 의도를 넘어선 인간관계 매체로서의 성질이 있기 때문에, 그 그물망 속에서 그저 하나의 현실적 활동에 불과한 행위가 그 의도가 무엇이든 상관없이 자연이 이야기를 "만들어낸다(이는 일, 다시 말해서 제작이 손에 닿을 수 있는 실체적 사물을 만들어내는 것과 마찬가지이다)."[1]

인간은 "행위"를 통해서 타인과의 사이에 그물망 같은 관계를 직조한다. 행위는 그 관계의 무수한 그물망에서 성립되는 "공통의 세계" 속에서 이루어지며, "공통 세계"는 사람들의 행위를 통해서만 존속된다.

인간관계의 그물망 속에서 사람들은 각각의 의도와 동기에 따라 행동하지만, 의도한 목적이 그대로 실현되지는 않는다. "행위"가 다른 인간에게서 완전히 벗어난 사물과 관련된 것이 아니라 타자와의 관계 속에서 이루어지는 한, 행위는 타자의 반응에 의존하기 때문이다. 한 사람의 행위는 타자에게 영향을 미치고 타자의 행위가 더욱 영향을 끼치는 식으로 무한히 연쇄적인 상호작용이 일어난다. 게다가 그 범위는 파문처럼 퍼져나간다. 따라서 영위되는 한 사람 한 사람의 인생은 분명히 그 사람의 인생이지만, 그것이 본인과 사회에 어떤 의미가 있는지는 본인의 의도를 넘어서 상호 작용의 결과에 좌우된다. 또한 한 행위의 의미는 그 결과가 어느 정도 명확해지지 않으면 밝혀지지 않거니와, 한 사람의 인생의 의미는 그 사람이 죽고 이 세계에서 벗어나야 비로소 완전한 형태로 드러난다.

사람의 인생은 본인이 지어내는 "이야기"이지만 그것을 말하는 자는 그 사람 자신이 아니다. 어떤 사람도 자기 자신의 인생을 의도하여 만들어낼 수는 없다. 이것도 행위의 "예측 불가능한" 특질이 가져다주는 결과이다. 그러한 의미에서 불확실한 행위를 뒷받침하고 개개인의 행위와 인생에 의미를 부여하는 것이야말로 사람들 사이에 형성되는 "공통 세계"이다.

"공적 공간"과 "사적 공간"의 구별이 사라진다

공통 세계가 사람들 사이에 안정적으로 성립되기 위해서는 일정한 조건과 기반이 필요하다. 가령 테이블처럼 사람들을 연결하는 동시에 서로 간에 적절한 거리를 유지하는 매개물이 필요하다. 인간은 만원 엘리베이터에서는 서로의 얼굴을 보지 못한다. 상대의 얼굴을 물끄러미 쳐다보면 갈등의 씨앗이 될 것이다. 그래서 혼잡한 곳에서 사람들은 서로에게 무관심을 가장하면서 지나간다. 반면 테이블이 있으면 사람은 멈춰 서서 타인과 상대할 수 있다. 그 자리에서 인간은 서로에게 인간으로서 마주한다. 서로의 모습이 보이고 서로의 목소리가 들리는 곳에서 의견을 나누고 함께 행동해야 비로소 인간은 자기 자신의 존재를 확실히 느낄 수 있다. "일"을 해서 얻은 제작물은 그러한 형태로 "세계"의 토대가 되는 것이다.

"행위"의 장으로서 "공통 세계"는 서로에게 한 사람의 개인으로서 자신의 모습을 드러내는 "공적 공간"이다. 그곳에서는 누구나 자신의 모습을 상대 앞에 드러내 보인다. 누구나가 볼 수 있는 공간에서 누구에게나 그 목소리를 들려주어야 비로소 인간은 자기 자신의 존재와 자신이 지금 살아 있는 "세계"를 현실감 있게 느낄 수 있다. 그런 의미에서 표현 공간으로서의 "공적 공간"
은 "세계"와 자기 자신의 존재를 실감할 수 있는 보장
된 자리였다.

> 자기 자신, 나라는 유일무이한 존재를 실감하고, 자신을
> 둘러싼 세계가 존재한다는 것을 의문의 여지 없이 실감하
> 기 위해서는 표현의 공간, 말과 글, 행위를 통해 함께 있다
> 는 것을 믿을 수 있어야 한다.[2]

그러한 공간이 성립하기 위해서는 의자와 테이블만
이 아니라 공간 그 자체를 구별하고 지지할 수 있는 자
리가 필요하다. 고대 그리스와 로마에서는 정치를 집과
집 사이의 광장에서 했다. 벽과 담에 둘러싸인 집 내부
는 바깥에서는 보이지 않는 공간이며, 인간은 그곳에서
가족 및 친한 친구들과 시간을 보낸다. "사적인" 공간
이란 특정한 사람들만이 참여할 수 있는 공간이며, 그
장소에서 사적인 생활을 충분히 보장받아야만 인간은
비로소 "공적인 자리"에서 자신의 모습을 드러내고 자

신의 목소리로 발언하며 타자와 토론하거나 협력할 수 있다. "공적 공간"의 존재는 "보여줘야 하는 것"과 "감춰야 하는 것"을 구별한 뒤에야 성립하는 것이다.

근대의 경제 발전과 기술의 진보는 그러한 구별을 없애버렸다. 집 담벼락을 전제로 한 통신수단이었던 편지가 전화로 바뀌었고, 라디오와 텔레비전의 도입은 외부로 향해 있던 집 창문을 활짝 열어버렸다. 히틀러와 프랭클린 루스벨트Franklin Roosevelt는 라디오 방송으로 국민에게 직접 말을 걸었고, 인터넷 등의 쌍방향 통신은 집의 담벼락을 결국 허물어버렸다.

통신기술의 도입은 공과 사의 구별 자체를 해체시켰다. 오늘날, 인터넷과 SNS에서는 사람들이 보이지 않는 불특정 다수의 상대에게 자신들의 사생활에 관한 정보를 올린다. 한편으로 인터넷의 가상 공간에서 인간은 자신과는 다른 인물로 가장할 수 있다. 그러한 상황에서 "세계", 모든 인간이 서로에게 인간으로서 상대하는 공적 공간을 유지하기 위해 보여줘야 하는 것은 무엇이고 감춰야 하는 것은 무엇인지, 어떻게 구별하고 그것을 받치는 기반이 어디에 있는지 밝혀야 한다. 그러한 구별과 그 기반을 알지 못하면 사람들 사이에 형성되어야 할 "세계"를 보지 못하고 그 세계가 있다는 실감도 하지 못하게 될 것이다.

판단력의 기초가 되는
공통 감각

사람들 사이에 형성되는 "공통 세계"는 끊임없이 변동되고 변용되지만, 그것이 공통의 것으로서 이어져 내려오기 위해서는 일정한 양해가 필요하다. 본래 인간의 행위가 타자를 향한 것이라면 그 의미와 의도도 이해할 수 있는 것이어야 한다. 이를 받아들일 수 있는 기반이 되는 것이 바로 "공통 감각common sense"이다.

원래 공통 감각이란 인간이 가진 감각(시각, 청각, 촉각, 미각, 후각), 즉 이른바 오감을 통합한 상위의 감각을 가리킨다. 인간은 다양한 감각기관으로부터 받은 정보를 통합하여 외부 세계와 자신의 관계를 확립하는 동시에 내부의 감각을 통제하여 한 사람의 인격을 이룬다. 이를 관장하는 것이 공통 감각인 셈이다.

그러한 공통 감각의 형성은 개인이 혼자 힘으로 할 수 있는 일이 아니다. 타인의 눈과 귀를 통하지 않으면 자신이 어떤 사람인지 알 수 없다. 인간은 타인과의 교류를 통해서 자기 자신의 다양한 감각을 한 인간의 감각으로 한데 묶어서 정리한다. 그것은 타인과 일정한 양해사항을 형성하는 작업이기도 하다. 인간은 그러한 양해사항, 꼭 명문화되지는 않은 습관과 전통 속에서 살아간다. 공통 감각의 영어 표현인 Common sense가 "사람들에게 공통된 감각", 다시 말해서 "상식"을 의미하는 말로 쓰이는 이유가 여기에 있다.

공통 감각이 중요한 이유는 단순히 타인과의 일상적인 양해와 의사소통을 가능하게 하기 때문만이 아니다. 그것이 사물의 선악을 재는 판단력의 기준이 되기 때문에 중요한 것이다.

공통 감각은 그 상상 능력에 따라서 실제로는 거기에 없는 것을 눈앞에서 생생히 그려낼 수 있다. 이마누엘 칸트가 말했듯이, 인간은 어떤 입장에 있든 몸담을 곳을 생각할 수 있다. 누군가가 아름답다고 판단할 때, 그것이 오롯이 그 사람 자신의 취향이라는(가령, 자신은 치킨 수프가 맛있지만, 다른 사람은 그렇지 않을 수도 있다고) 뜻은 아니다. 무엇인가를 판단할 때에는 사전에 타인을 가정하고 그들의 동의를 구하기 마련이어서, 자신의 판단이 보편적이라고 단언하지는 못해도 어느 정도 일반적인 타당성이 있기를 기대하는 것이다.[3]

인간은 보이지 않는 타자를 상상하고 그들의 동의를 구하면서 사물을 판단한다. 칸트는 『판단력 비판 Kritik der Urteilskraft』에서 미각味覺과 미추美醜에 대한 판단, 취미 판단과 미적 판단을 이런 식으로 논했는데, 이는 선악을 판단할 때에도 마찬가지이다. 우리는 마음속에 타자를 가정하고 그의 동의를 구할 수 있을지 물으면서 자신의 행동을 판정한다. 말하자면 자기 안의 또한 명의 자신, 자기 안에 있는 타자와의 대화야말로 행동의 선악을 판단하는 기준이며, 이곳이 악에 대한 유혹을 떨쳐내고 머물 수 있는 최후의 보루인 셈이다. 자기 안에서 "내면의 타자"와 나누는 대화가 바로 인간이 "양심의 소리"라고 하는 것이다.

인간이 선악을
판단하지 못할 때

나아가 아렌트는 이렇게 말한다. 나쁜 짓을 저지르면 인간은 그런 나쁜 짓을 저지른 자기 자신과 평생 함께 살아가야 한다. 그래서 자기 안의 또다른 자신이 말한다. "부디 살인자는 되지 않기를 바라, 난 살인자와 함께 살고 싶지 않아"라고. 인간이 나쁜 짓을 단념하는 이유는 타인이 보고 있어서도, 초월적 신의 처벌이 두려워서도 아니다. 아무도 보지 않아도 자기 자신이 보고 있기 때문이다.

그러나 그런 "양심의 소리"가 작동하기 위해서는 자기 안의 또 한 명의 나, 상상 속에서 타자의 모델이 되는 인간이 존재해야 한다. 가령 주변에는 존재하지 않아도 의지할 수 있는 동료가 어딘가에 있어야 한다. 그런 의미에서 선악에 대한 판단은 판단을 함께할 수 있는 인간을 어디에서 구하는가가 문제이다.

대화의 상대는 지금 여기에 있는 사람이 아니어도 된다. 멀리 떨어져 있는 사람, 이미 죽은 사람, 혹은 가공의 존재여도 판단을 함께할 수 있는 상대가 있으면 인간은 그 상대를 가정하고 대화를 나눌 수 있다. 상대의 동의를 구하고 의문과 이견에 대답하는 식으로, 자신은 어떻게 하면 좋은지를 생각해본다. 그러한 동료를 어디에서도 구할 수 없을 때, 인간은 선악을 판단할 근거를 잃는다. 그와 동시에 자기 자신의 존재를 확인하는 근거도 잃게 된다.

인간을 인간으로서 성립시키는 것은 사람들 사이에 연결된 유형무형의 유대에 의해서 형성되는 "공통 세계"이다. 공통 세계 속에서 타자와 다양한 활동을 해야 비로소 인간은 자기 자신의 존재를 확인할 수 있고, 타자의 인정을 통해서 자기 자신이 어떤 사람인지를 밝혀낼 수 있다. 그러한 타자와의 관계 없이는 사물을 판단할 때 필요한 공통 감각도 기를 수 없다.

전체주의가 위험한 것은 그러한 인간관계를 이루는 공통 세계를 파괴하고 사람들에게서 제대로 된 판단력을 앗아가기 때문이다.

논리에 의한 강제
| 이데올로기의 변용

한 사람 한 사람이 단절된 상태에서 일체의 기반을 잃어버리면 우리는 자기 자신이 있을 곳은커녕, 자기 자신이 어떤 사람인지도 알지 못하게 된다. 타자와의 사이에서 형성될 공통 감각을 잃어버리면 무엇이 옳고 무엇이 잘못되었는지 판단하지 못할뿐더러, 자신의 감각을 믿지 못하고 결국에는 자신이 살고 있는지 어떤지도

확신하지 못하게 된다. 공통 감각의 상실은 언젠가는 그런 결말을 맞게 된다.

근대 사회는 타자에게서 떨어져 나온, 내면적으로도 해체된 인간을 대량으로 낳았다. 오늘날, 아무와도 관계를 맺지 않고 서로 무관심한 인간의 집적인 "대중"을 보면 우리 자신의 모습이 보인다. 많은 사람들로 북적이는 혼잡한 거리에 서 있는 우리는 괜한 충돌을 피할 정도로만 타인에게 주의를 기울인다. 만원 전철 안에서 흔들리며 갈 때에는 그러한 거리마저 유지하지 못한다. 전체주의의 이데올로기는 그렇게 누구와도 연결되지 않은 고독한 인간의 집적에 작동한다. 이때, 사람들을 움직이는 것은 "논리에 의한 강제"이다.

인간의 정신 능력 중에, 확실히 기능하려고 자기도 타자도 세계도 필요로 하지 않으며 경험에도 사고에도 의존하지 않는 유일한 것은 자명성을 전제로 하는 논리적 추론 능력이다. 이의 없는 자명성의 기준 원칙, 2+2=4라는 자명한 논리는 절대적인 고립 속에 있어도 깨지지 않는다. 이는 인간이 경험하기 위해, 생활하기 위해, 그리고 공통의 세계 속에서 그들이 나아가야 할 길을 알기 위해 필요한 상호 보장을 잃었을 때, 다시 말해서 공통 감각을 잃었을 때도 의지할 수 있고 신뢰할 수 있는 유일한 **진리**이다.4

전체주의 운동의 핵심이 되는 몹과 엘리트를 끌어당기는 것이 운동 그 자체를 목적으로 하는 "행동주의"라면, 대중은 이데올로기가 제시하는 논리적 필연성에 몸을 맡긴다. 나치의 인종주의 이데올로기는 대중에게 이렇게 외친다. "인종 간의 투쟁은 자연의 법칙이다." 스탈린 체제에서 마르크스주의 이데올로기는 이렇게 외친다. "계급 투쟁은 역사의 필연이다", "따라서 여러분은 그 필연에 따르는 수밖에 없다. 그렇지 않으면 패자의 일원으로서 몰락할 것이다"라고.

2+2=4라는 수학적 계산처럼 누구나 인정하는 자명한 논리, 유무를 막론하고 복종을 강제하는 논리야말로 경험에 기대어 이 세계에서 살아갈 수밖에 없는 대중에게는 겨우 사는 방향을 제시할 수 있다. 그런 논리

에서 본래 이데올로기가 가진 이념과 목표, 거기에 이르는 절차 같은 정치, 사상적 내용은 탈락한다.

19세기에는 이데올로기에 아직은 사람들에게 세계의 의미와 자신의 위치를 알리는 "세계관"이 있었다. 하지만 이데올로기가 전체주의의 동원 수단이 되자, 더 이상 이 세계에서 다른 사람들과 함께 살아가는 지침으로서 쓸모가 없어졌다. 이데올로기가 가진 실체적 내용이 "관념"의 논리적 강제 속에 가려지는 것이다.

전체주의의 지배에 저항하기 위한 "행위"와 "공간"

물론 엄밀히 말해서 2+2＝4라는 수학적 논리의 강제력과 인종주의와 계급 투쟁의 "필연성"은 성질이 완전히 다르다.

수학적인 논리는 모든 사람이 인정할 수밖에 없는 필연적 논리이다. 개인의 능력에 따라서 계산이 늦냐 빠

르냐의 차이는 있어도 그 사람의 머리에 이상이 없는 한 결론은 하나이다. 이에 비해서 "인종의 우열"과 "계급 투쟁"의 논리는 19세기의 자연과학과 생물진화의 논리에서 빌려온 "진화"와 "발전"의 법칙을 인간 사회에 적용시킨 "유사 법칙" 혹은 "유추에 근거한 법칙"에 불과하다. 하지만 그러한 "유사 법칙"이라도 한 명 한 명 뿔뿔이 흩어져 있는 대중에게는 유일한 의지가 될 수 있다고 아렌트는 말하는 것이다.

오늘날, "인종의 우열"과 "계급 투쟁" 이론은 시대 착오로 보일지도 모르지만, 그것을 대신할 이데올로기가 등장할 가능성이 없는 것은 아니다. 가령 "인간은 태어나면서 인류라는 종족에 속한 개체로서는 평등하다"라는 자연적 사실에 근거한 "그래서 모든 인간은 평등해야 한다"는 논리는 절반은 자명한 것으로 받아들여진다. 다만 "자연적 평등"이라는 사실로부터는 "따라서 각자 노력의 성과는 그 사람 개인의 권리이며, 노력으로 생겨난 차이는 존중받아야 한다"는 정반대의 논리도 끌어낼 수 있는데, 어떤 논리든 "인종 사회의 복지"

나 "인류의 진보"라는 유사적 법칙으로 인간을 강제하는 이데올로기가 될 수 있는 성질을 가지고 있다. 인간이 자신의 경험에 근거하여 자신의 머리로 생각하는 것을 멈추고 논리의 강제에 몸을 맡겨버리면 거기에 이의를 제기하는 사람을 "인류 진보의 적", "인간 사회에 해를 끼치는 이단자"로서 배제하는 전체주의의 이데올로기가 탄생할 가능성이 충분히 있다.

그러나 그러한 "논리에 의한 강제"는 수학적 논리의 강제와 자연의 법칙과는 "비슷하면서도 전혀 다르며", 그래서 저항하는 것도 가능하다.

인간은 논리적 추론을 무작정 믿고 따르는 존재가 아니다. 수많은 인간의 상호 작용 속에서 이루어지는 행위는 법칙에 근거한 추론과 예측에서 끊임없이 벗어나 새로운 것을 만들어낼 가능성이 있다. 예상치 못하는 것을 시작하는 인간의 능력은 이데올로기에 의한 "논리의 지배"를 타파할 수 있다. 전체주의 지배에 대한 저항은 개개인이 자신의 "행위"를 통해서 얼마나 자유로운 "운동 공간"을 만들 수 있는지에 달려 있다.

제5장

저항의 근거로서의 "사실"

전체주의에 반하여 자유로운 "운동의 공간"을 되찾을 단서는 어디에 있을까? 그것은 우리가 자신의 "행위"를 통해서 만들어낸 "사실" 속에 있다.

음모가 "사실"로 보일 때

전체주의 이데올로기라도 완전한 허구는 인간을 움직이지 못한다. "인간을 속이려면 거짓말 속에 약간의 진실을 섞어야 한다"라는 말처럼, 사람들을 운동에 끌어들이기 위해서는 이데올로기가 만들어내는 허구의 세계와 현실을 잇는 한 조각의 진실이 필요하다.

> 통합되지 않고 뿔뿔이 흩어진 대중—불행을 만날 때마다 점점 속기 쉬워지는 대중—이 그래도 이해할 수 있는 현실 세계의 징후는 말하자면 현실 세계의 균열, 다시 말해서 과장되고 왜곡된 형태이기는 하지만 급소를 찔러서 누구도 굳이 공공연하게 논의하지 않으려는 문제, 누구도 굳이 반론하지 않는 거짓말이다.[1]

나치의 전체주의 이데올로기가 이용했던 "현실 세계의 균열", 다시 말해서 허구와 현실 세계를 연결하는 "급소"의 하나는 "유대인이 세계를 지배하려는 음모를 꾀하고 있다"는 소문이었다. 이 음모론은 황당무계한 이야기로 보인다. 하지만 로스차일드를 비롯한 유대계 재벌이 금융 등을 통해서 한때 정부와 경제에 일정한 영향력을 미쳤던 것은 사실이다. 부와 영향력을 거머쥔 유대인 상층계급 2세대가 대부분 작가, 문화인으로 명성을 얻고 신문과 방송 등의 미디어에서 활약한 것도 사실이다. 한편, 유대인 차별과 관계된 "미묘한 사안"에 대해서 공공기관과 미디어는 때때로 침묵한다.

바로 이 지점에서부터 사람들은 "언론은 자신들에게 불리한 사실은 은폐하고 듣기에 좋은 이야기만 보도하여 여론을 일정한 방향으로 유도하고 있지 않은가" 하며 허구와 자신의 실제 경험을 비교해본다. 공적 기관이 음모의 존재를 부정하고 언론이 유대인 같은 "미묘한 화제"를 꺼릴수록 유대인을 중심으로 한 지배층의 음모와 언론이 이를 은폐한다는 소문은 확산될 것이다. 유대인의 음모 계획을 보여준다고 하는 「시온 현자들의 의정서」라는 유명한 거짓 책자가 널리 유포된 것역시 사람들이 음모론에 일종의 현실감이 있다고 느꼈기 때문이다.

이미 말한 것처럼 19세기 말에 현저히 나타난 유대주의의 배경에는 금융 스캔들과 거기에 얽힌 정치, 행정과 연계된 부정 스캔들이 있었고, 거기에는 실제로 유대계 금융 브로커가 관여되었다. 얼마 되지 않는 재산을 투기로 잃은 중산계급과 하층계급 사람들이 분노의 화살을 유대인 금융자본가에게 돌린 이유도 거기에 있었다. 일부 특권계층에 부가 집중되자, 그곳으로 거액의 부를 거머쥐려는 자, 나아가 거기에서 나오는 떡고물을 얻으려는 자들이 몰려들었다. 기득권을 가진 자라면 위험해서 얼씬도 하지 않으려는 돈벌이 이야기나, 위법 행위, 탈법 행위에도 그들은 손쉽게 손을 댔다. 파나마 운하에 관한 스캔들에 관여한 것도 로스차일드와 같은 특권계급에 속한 금융자본가가 아니라 새로 진입하려던 신흥 유대인 브로커였다. 이 사건으로 불거진 정, 재계의 부정부패는, 유대인의 음모론에 현실감을 부여했던 것이다.

오늘날 세계화로 인한 사람과 자금의 국제적인 이동을 오로지 이윤 추구라는 자본의 논리에 따라서 움직이게 하며 사회계층 간, 민족 및 인종 간의 격차만 확대시킨다면, 이는 곧 음모론의 풍부한 토양이 될 것이 분명하다.

공통 세계의 현실감을
유지하기 위해서는

우리가 인간으로서 살아가는 데에 정말로 필요한 공통 세계는 그러한 음모론의 세계와는 결정적으로 다르다.

공통 세계라는 조건 아래에서 가장 먼저 현실감을 느낄 수 있게 보장한다고 해서, 세계를 구성하는 모든 인간이 "공통의 본질"을 지닌 것은 아니다. 입장 차이와 거기에서 비롯되는 다양한 견해가 있는데도 누구나 늘 동일한 대상과 관련된다는 사실이 바로 현실을 보증한다. 이제 대상의 동일성을 확인하지 못하게 되면, 공통의 본질을 가져와도 공통 세계의 해체를 막지 못한다. 더군다나 대중 사회의 부자연스러운 획일주의로는 돌아갈 수 없다.2

우리에게 "세계"의 현실감이 보장된다고 해서, 관련된 모든 사람이 "공통 견해"를 지녔다는 뜻은 아니다. 모든 인간이 세계에 대해 같은 견해, 획일적인 견해를 가지게 되면 공통 세계와 그 세계가 주는 현실감은 붕괴한다. 전체주의는 바로 그러한 사태를 실현하려고 한다.

그러나 인간이 저마다 자신의 눈으로 사물을 보는 한, 모든 인간이 같은 견해를 가지기란 원리적으로 불가능하다. 우리가 사는 이 세계에 시간과 공간을 특정하면 같은 장소에 여러 사람이 동시에 존재하는 것이 물리적으로 불가능하듯이, 저마다 머무는 자리가 다르면 각자의 위치에서 보이는 경치도 달라진다. 중요한 것은 모두가 같은 시점에서 획일적인 견해를 가지는 것이 아니라, 각자 서 있는 위치는 달라도 **같은 대상을 본다는 사실**이다. 자신들이 보고 듣고 혹은 만지고 있는 대상이 같고 논하는 대상이 같거나, 그 결과가 확실해야 비로소 우리는 자신들이 사는 이 세계가 실재하고 있다고 믿을 수 있다. 그렇기 때문에 "견해는 다르다, 눈에 비치는 경치는 달라도 같은 대상을 보고 있다"는 보장, 우리가 함께 보는 "사실"이 확실히 존재한다는 보장이 "세계"를 실감하는 데에 필요한 것이다.

스몰렌스크 기밀문서가
말해주는 것

전체주의가 그 "허구의 세계"로 사람들을 끌어들이기 위해서는 현실 세계의 통로가 되는 "사실의 단절"이 필요하다는 사실에서 알 수 있듯이, 현실 세계에서 일어난 사실을 완전히 은폐하기란 불가능하다. 전체주의 체제에서 사실의 조직적 은폐와 통계의 날조가 가져다주는 어려움을 보여주는 사례로, 아렌트는 "스몰렌스크 문서"를 꼽는다.

스몰렌스크 문서란 제2차 세계대전 중에 독일군이 드네프르 강 상류의 스몰렌스크 주를 점령한 시기에 압수한 소련 공산당의 조직문서이다. 스몰렌스크 주 교외의 카틴 숲에서 소련의 포로가 되어 살해된 것으로 보이는 다수의 폴란드 장병의 시신이 독일군에게 발굴되었는데, 이것이 바로 유명한 "카틴 숲 사건"이다. 아렌트는 여기에서 스몰렌스크에서 발견된 1935년의 소련 공산당 조직 각서에 주목했다. 그 문서에는 과거 당

대회 기록, 스탈린이 실권을 쥐기 전에 라이벌이었던 지도자들의 기록, 소비에트에 적대하는 반동분자로 숙청된 그레고리 지노비예프Grigorii Zinovev, 레프 카메네프Lev Kamenev, 알렉세이 리코프Aleksei Rykov, 니콜라이 부하린Nikolai Bukharin 등의 연설과 문서를 말소하라는 지시가 기록되어 있었다.

성가시게도 기록을 수정하려는 사람은 진정한 이야기의 대용품으로서 자신들이 제공한 허위를 끊임없이 변경해야 한다. 정세가 바뀔 때마다 차례로 역사서를 바꾸고 백과사전과 참고도서 페이지를 갈아치우고, 어떤 인물의 이름을 지우고 전에는 무명이어서 거의 알려지지 않았던 다른 사람의 이름으로 다시 써야 한다.3

일어난 사실, 불리한 사실을 완전히 은폐하기 위해서는 과거의 기록으로 거슬러 올라가서 그 자취를 하나하나 지워야 한다. 스몰렌스크의 당기관 기밀문서는 스탈린이 전권을 장악한 단계에서 그런 작업을 수행하기 위해 얼마나 노력했는지를 여실히 보여준다. 지운 부분을 일일이 세심하게 검토하여 비밀문서에 남긴 것 자체가 그 필요성과 그에 따른 고충을 말해준다.

사실의 "완벽한 말소"는 불가능하다

그러한 작업은 그 본질에서 보면 한도 끝도 없다. 설령 스탈린이 견고한 체제를 확립했다고 해도 대외적인 상황 변화는 끊임없이 생겨날 것이다.

　독일과의 관계만 살펴도 알 수 있다. 1939년 8월 소련은 독일과 독소 불가침 조약을 맺고 이를 토대로 폴란드 침공을 감행했다. 당시 독일은 소련의 동맹국이었지만, 1941년 6월 독소 전쟁을 개시한 이후에는 적국이 되었다. 이에 따른 외교 정책의 전환은 국내 지도자 간의 관계를 변화시켰다. 또한 상황의 변화에 맞춰서 당과 국가의 공식 기록도 끊임없이 수정되어야 했다. 때로는

당과 국가가 생기기 이전의 역사 기술까지 변경되어야
했고, 지도부가 교체되거나, 실각한 지도자가 복권한
경우에는 삭제된 글을 다시 복구해야 했다. 하나의 사
실을 감추기 위한 거짓말이 다시 거짓말을 부르고 허구
위에 허구가 겹겹이 쌓인 것이다. 하지만 그것도 상황
이 달라지면 모래 위의 누각처럼 무너질 것이다.

여기에서는 스탈린 시대와 같은 전체주의 체제에서
도 정보의 통제와 사실의 은폐가 얼마나 어려웠는지가
여실히 드러난다. 원체 "예측 불가능한" 인간의 "행위"
가 일어나는 정치판에서 불편한 사실을 은폐하기 위해
정보를 완벽하게 통제하기란 아무리 강력한 권한을 가
진 체제라고 해도 불가능한 것이다.

그런 의미에서, 그때그때 실권을 잡은 정부와 그 배
후에 있는 집단의 정보 통제 시도를 뭉뚱그려 "전체주
의"라고 비판하면 사태의 본질을 제대로 볼 수가 없다.
전체주의가 일방적이고 일원적으로 정보를 통제하는
체제라는 것 역시 일종의 허위의 이미지이기 때문이다.
그리고 거기에는 "음모론"의 함정이 도사리고 있다.

진리를 인정하지 못하는
냉소주의

"일어난 사실"을 은폐한다는 불가능한 노력의 종착점에서 기다리고 있는 것은 무엇인가. 아렌트는 이렇게 말한다.

종종 지적받는 것이지만, 장기간에 걸친 세뇌 상태는 일종의 독특한 냉소주의를 가져다준다. 다시 말해서 어떤 진리든 결코 믿을 수 없다는 태도, 아무리 명백하게 입증된 진리라도 결코 인정할 수 없다는 태도를 낳는 것이다. 바꿔 말하면 사실의 진리를 계통적이고 전면적인 거짓말로 바꿔서 얻는 것은 거짓말이 진리로 받아들여지고 진리가 거짓말로 비하되는 사태가 아니라, 우리가 현실 세계에서 가야 할 방향을 정하기 위한 감각의 파괴이다. 진리냐 허구냐는 그런 정신적 수단의 하나인 것이다.[4]

은폐와 허구의 날조가 반복되며 그때까지 진리라고

여기던 것, 사실로 여기던 것이 갑자기 아무런 설명도 없이 부정당하는 상황이 닥치면 "무엇도 진실이 아니다"라는 냉소적인 태도가 만연하게 된다. 게다가 이는 자신은 안전지대에 서서 거짓말을 두고 우왕좌왕하는 사람들을 냉소적으로 바라보는 평범한 태도가 아니다. 자신도 그 거짓말의 소용돌이에 휘말린 상태에서 어떤 설득력 있는 진리도, 어떤 확실한 사실도 결코 사실로 인정하지 못하는 독특한 태도이다. 전체주의의 "허구의 세계"에 오랜 기간 세뇌를 당하면 그런 냉소주의가 만연해진다.

자신의 기반을
알 수 없게 되는 공포

이러한 냉소주의는 방향감각의 완전한 상실로 이어진다. "아무것도 믿을 수 없다"는 태도는 그 완고함과는 반대로, 의지할 만한 것이 아무것도 남아 있지 않은 상태이다. 자신이 만나는 인물이나 사물이 "진짜냐 가짜냐"라는 기준은 그것이 아무리 조잡하고 막연하더라도 다른 사람을 대하는 행동과 자신이 가야 할 방향을 알려주는 근거로 작동한다. 아마 "진리"와 "허위"라는 기준 자체를 거부하면 자기 자신이 처한 위치도, 자신이 어디를 향하고 있는지도 알지 못해 머지않아 자기 자신의 존재마저 의심하게 될 것이다. 사실은 그것이 엄연히 거기에 있다는 것만으로 다른 사람에게 위치와 방향을 가리키는 단서를 제시한다. 가령 그 사실에 사람들이 반발했다고 해도 그 존재를 부정하지는 못한다. 따라서 그것은 확실한 버팀목이 될 것이다.

사실이나 일어난 일의 확고한 사실로서의 징표는 그것이 단연코 거기에 있다는 것이다. 거기에 내재하는 예측 불가능성은, 최종적으로 설명하려는 시도조차 가로막는다. 그에 따라 이미지는 일시적 사실인 진리에 맞서 우위에 서지만, 안정성 면에서 보자면 우연히 그렇게 되었다는 점에서, 그 외에는 있을 수 없는 확고한 사실의 적수가 되지 못한다. 비유적으로 말하면, 철저하게 거짓말을 하는 것은 발아래에 디딜 곳을 없애버리면서 발을 딛고 설 수 있는 다른 곳을 제공하지 않는 것이나 다름없다.[5]

인간의 "행위"로 생겨난 사실은 그 예측 불가능성, 의외성 때문에 단순한 설명을 받아들이지 못한다. "이럴 리가 없는데", "어째서 이렇게 된 것일까". 원인에 대해서 이러쿵저러쿵 논의해봤자 납득이 되는 대답을 얻기는 어려울 것이다. 그래서 사람은 "불편한 사실"은 없었던 것으로 하고 알기 쉬운 설명이나 이미지에 뛰어들려고 한다.

그러나 아무리 거짓으로 설명을 해봤자 "일어난 사실"을 "없었던 일"로 하기는 불가능하다. 그리고 이런저런 항변을 일체 받아들일 수 없는 "사실"의 존재야말로 전체주의의 "허구의 세계"에 얽히지 않게끔 확실한 발 디딜 곳을 제공하는 전체주의에 저항하는 버팀목이 된다. 아렌트는 그렇게 주장한다.

제6장

"사실의 진리"를 끝까지 지켜낸다

"사실"의 약점

그러나 문제는 여기에서 끝나지 않는다. 전체주의에 저항하기 위한 근거가 "사실"이라면 그러한 사실을 어떻게 옹호해야 할까. 사실에는 사실 특유의 약점이 있다. 사실은 사람들의 행위로 일어난 사건이나 그 주변의 조건에 관한 것이며, 그것이 정말로 있었는지 확인하기 위해서는 누군가의 "증언"이 필요하다. 그런 의미에서 사실은 결코 자명하지 않다.

사실의 증거는 목격자—그가 얼마나 신뢰할 수 없는 사람인지는 세간이 두루 아는 사실이다—, 기록, 문서, 기념물 등의 증언으로 입증되지만, 이 모두가 위조는 아닌지 의심스럽다. 논쟁이 벌어지는 경우 의지할 데라고는 또다른 목격자뿐이며, 제삼자와 그 이상의 심급 제도에 호소하지 못한다. 그리고 통상, 다수결 원칙, 다시 말해 의견을 두고 똑같이 논쟁하는 해결 방법으로 결론이 난다. 하지만 이 방법은 다수의 목격자가 위증하는 것을 방지하는 방법이 없는 이상, 문제를 해결하기에 충분하지 않다. 그뿐 아니라, 상황에 따라서는 다수파에 가담하고 싶다는 감정이 위증을 조장하기도 한다.[1]

어떤 사실이 실제로 일어났느냐 일어나지 않았느냐에 대한 답은 하나이며, 그런 의미에서 사실은 철학과 종교에서의 진리처럼 절대적 진리의 영역에 속한다. 그럼에도 사실이 확실히 있었다는 증명, "사실에 대한 진리"의 증명에는 목격자의 증언이 뒤따라야 한다. 더 많은 증인을 얻는 것이 사실이 진리이기 위한 조건이 된다. 다시 말해서 진리란 본질적으로 양립될 수 없는 다수결 원칙—본래는 정치의 영역에서 활용되는 방법—에 의해서 증명되어야 한다.

"사실의 진리"의 약점이 여기에 있다.

정치적 사고의 특성

물론 정치판에서 다수결은 단순히 숫자만 채우면 되는 것이 아니다. 다수결에는 토론을 통한 설득과 납득의 과정이 반드시 필요하다. 이미 말했듯이 인간관계의 그물망 속에 있는 사람들의 위치가 제각기 다른 이상, 거기서 보이는 경치도 각기 다를 수밖에 없다. 어느 사안이나 그와 관련된 문제에 대한 견해도 저마다 다를 것이다.

여러 사람의 행위로 이루어진 정치 행위는 한 사람 한 사람이 그러한 문제에 관해서 가지고 있는 "의견"을 토대로 한다. 의견은 그 본질부터가 다양하다. 모든 사람들에게 보편타당한 의견은 존재하지 않는다. 그래서 타인을 설득하고 지지를 얻어 합의를 형성하는 과정이 필요한 것이다. 본질적으로 다양할 수밖에 없는 다수의 의견에서 합의를 형성하려면 무엇이 필요한가. 아렌트는 다음과 같이 말한다.

정치적 사고는 대표하는 것이다. 나는 주어진 문제를 다양한 관점에서 고찰하여 이 자리에 없는 사람들의 입장을 마음속으로 상상하고 의견을 형성한다. 다시 말해, 나는 그들을 대표한다. 대표라고 하는 이 과정은 어딘가 다른 곳에 살고, 이 세계에 대해서 다른 견해를 가진 현실의 누군가의 의견을 무조건적으로 채용하는 것이 아니다. 이는 누군가 타인이 되려고 하거나 타인처럼 느끼려고 하는 감정이입의 문제도 아니고, 그렇다고 머릿수를 세서 다수파의 손을 들어주는 행위도 아니다. 나는 나이면서도 현실에서는 내가 없는 곳으로 몸을 움직여 사고하는 것이다. 주어진 문제를 생각하는 동안 사람들의 입장을 마음속으로 상상하고, 내가 그들의 입장이라면 어떻게 느끼고 어떻게

생각할지 상상하면 상상할수록 대표해서 사고하는 나의
능력은 강해지고, 최종적으로 내가 도달한 의견은 더 타
당한 것이 된다.[2]

정치적 대화의 목적은 타인이 본 대로 느낀 대로 공
감하는 것이 아니다. 신이 아닌 인간이 타인의 감각과
감정을 진정으로 이해하기란 불가능하다. 타인의 감정
을 "이해한다"고 말하는 사람도 결국에는 자기 자신의
감정이나 사고를 타인에게 투영하는 것에 불과하다. 원
래 인간은 자신의 속마음조차 헤아리지 못한다. 따라
서 그런 마음은 공적인 빛이 닿지 않게 감춰야 한다는
것이 아렌트의 생각이었다.

타인의 감정에 안이하게 공감하고 감정이입을 하는
것이 아니다. 그렇다고 타인의 의견을 그대로 받아들이
는 것도 아니고, 반대로 자신의 의견을 상대에게 밀어
붙이는 것도 아니다. 그보다 상상력을 동원하여 상대
의 입장에 서서 폭넓은 시야로 문제를 검토하여 자신의
"의견"을 형성하는 것이다. 대표한다는 것은 그렇게 타

자의 입장을 고려한 의견, 다수의 지지와 동의를 얻을 수 있는 의견의 형성 과정을 의미한다. 자기 자신이 서 있는 위치를 분명히 하면서 타자의 입장에 섰다고 가정하고 생각하는 이 능력이야말로 방금 전에 설명한 "판단력"이라는 인간의 능력이라고 할 수 있다.

"불편한 사실"을
말하는 것

그러한 "판단력"에 의해서 형성된 의견은 자신의 입장을 일방적으로 주장하거나, 자신과 자신이 소속된 집단의 이익만을 중시하는 품위 없는 것이 아니라 더 공평하고 수준 높은 것이다. 다만 그렇다고 해도 의견이 어떤 절대성을 주장하는 진리와 양립할 수는 없다. 그래서 사실의 진리를 말하는 사람은 특별한 어려움에 직면하게 된다.

철학이나 종교의 진리에는 절대적 진리, 초월적 진리

로서의 권위와 신비스러움이 있다. 그러한 진리에 기꺼이 귀 기울이려는 사람에게는 그것이 설득력이 있게 느껴질 것이다. 한편, 자유와 정의 같은 원리원칙이나 명예나 용기 같은 인간의 자질, 특질은 초월성과 절대성이라는 점에서는 철학과 종교의 진리에는 뒤처지지만, 정치 세계에서 타인을 설득하는 데에는 매우 유효하다.

이에 비해, 증인이 말하는 사실의 진리에는 다른 사람을 설득하거나 고무할 만한 내용이 거의 없다. 사실을 말하는 증인은 그 자체로서는 아무런 변용도 없는 단순한 사실, 철학적, 종교적 진리의 초월성이나 정치적 원리와 덕의 숭고함이라고는 없는 사실만을 말해야 한다. 게다가 여러 사람의 행위가 얽혀서 일어나는 일은 "자칫하면 틀릴 수도 있는" 사실, "보통이라면 거의 있을 수 없는" 사실인 경우가 대다수이다. 그것이 본인에게 불편한 사실이라면 이를 순순히 사실로 받아들이는 사람이 그리 많지 않을 것이다. 종종 인간은 불편한 사실보다 듣기 좋은 가식적인 설명을 더 좋아한다.

사실을 말하는 증인은 가령 그것이 당시의 권력자나

일부 정치 세력, 세간에 알려지면 불편한 사실, 거의 있을 수 없는 사실이라고 해도, 실제로 일어난 사실을 사람들에게 알려야 한다. 하지만 사실을 보지 않으려는 사람들, 사실을 말하는 사람에게 적의를 품는 사람들에게 본 그대로의 사실을 알리기란 쉬운 일이 아니다. 우연히 그 자리에 있던 목격자라면 증언대에 서서 적의나 반감의 표적이 되기가 망설여질 것이다.

사건에 따라 어떤 피해를 입은 자라면 용기를 내서 증언할지도 모르지만, 그 경우에는 "증인은 자신에게 유리한 대로 사실을 왜곡할 것이다"라는 비방이나 중상을 받게 된다. 어쨌거나, 많은 사람에게 "불편한 사실"을 설득력 있게 말하기란 몹시 어려운 일이다. 가령 증인이 타인에게 이해를 구하려고 열변을 토했다고 해도, 그것은 정치적 설득력, 변사로서 그의 능력을 증명하는 것일 뿐, 그가 증언하는 사실의 진리성, 증인으로서의 성실함을 증명하지는 못한다.

정치판에서는 불편한 사실을 아주 간단히 부정해버린다. 그곳에서는 증언의 진실성, 증인의 성실성을 문제 삼지 않아도 이렇게 말하는 것으로 충분하다. "그건 그냥 당신의 의견이잖소." 이렇게 해서 사실의 여부에 대한 문제는 견해 차이라는 의견의 문제로 치워진다.

정치와 진리의 대립

사실의 진리를 끝까지 지키려고 한 사람은 사실의 진리가 정치 무대에서 표명되는 의견과는 근본적으로 다르다는 점, 바로 이 점에서 철학과 종교 등의 진리와 성질이 같다는 것을 이해하고 있어야 한다.

진리에는 의견과 이론의 개입을 용납하지 않는 절대적이고 강제적인 면이 있다. 일어난 사실은 하나이며 그 원인과 일으킨 사람의 책임, 끼친 영향과 의미에 대한 해석은 달라도 전제가 되는 사실은 다르지 않다. 철학과 종교, 과학 분야에서의 진리도 마찬가지이다. 진리의 발견 과정에서 논쟁이 있었다고는 해도 타당한 결론은 오로지 하나여야 한다. 명확해진 진리는 모든 인간에게 똑같이 해당된다. 예외는 없다. 철학에서 수학적 추론이 진리의 모델로 꼽히는 이유도 여기에 있다. 진리의 이런 절대적 성격은 여러 의견과 입장 차이를 전제로 하는 정치 토론과 근본적으로 대립한다.

이런 진리의 절대적인 성격 때문에 정치판에서 진리를 말하려는 자는 종종 전제적 지배를 변호한다고 비판받는 동시에, 진짜 전제 지배자에게는 위험한 존재로 적대시되었다. 고대 그리스 아테네의 민주정 폴리스에서 소크라테스가 사형 선고를 받았을 때부터 플라톤에게서 시작된 철학이 근본적으로 정치에 대해서 비판적, 회의적인 입장을 취한 이유도 절대적 진리를 추구하는 철학과 다수의 의견이 존재하는 것을 전제로 하는 정치 사이에 존재하는 근본적인 대립에서 비롯된 것이다.

사실의 진리가 일어난 사실, 하나밖에 없는 사실에 대한 진리인 이상, 그것은 좋든 싫든 철학과 종교 등의 진리와 같은 절대적 성격을 지닌다. 그런 이유로 진리는 보호받아야 한다. 그러려면 먼저 진리와 정치 영역을 각각 확실하게 구별해야 한다.

다시 말해 진리의 영역에서는 다수결에 의한 결정이 통용되지 않으며, 다수결이든 무엇이든 강제로 진리를 억압하거나 왜곡하는 일이 있어서는 안 된다.

한편 정치 영역에서는 어떠한 진리를 사람들이 절대적으로 따라야 한다고 강요해서는 안 된다. 진리가 사람들에게 바라는 복종은 어디까지나 자발적인 인정이 바탕이 되어야 한다. 가령 다수의 사람이 인정하는 진리라고 해도 그것을 권력과 폭력으로 강제한다면, 이는 진리가 스스로 진리로서의 자격을 포기하는 것을 의미하기 때문이다.

저널리즘의 역할

따라서 사실의 진리를 대표하는 사람은 다수의 의견을 따르는 정치의 영역에서 상대적으로 독립해야 한다.

정치적 중립 입장에서 사실의 진리를 옹호해야 하는 존재로서 가장 먼저 우리의 머릿속에 떠오르는 것은 저널리즘의 대표인 보도기관이 아닐까. 언론인이 없으면 우리는 끊임없이 변화하는 세계 속에서 자신의 위치가 어디인지 확인하지 못한다.

지금 현실에서 진행되고 있는 사태에 대한 정보를 제공하여 우리네 삶의 기반이 되는 사실을 알리는 것이 언론의 역할이다. 하지만 정보를 모으고 많은 사람에게 제공하는 일 자체는 정치 세계와 깊이 관계될 수밖에 없다.

보도가 정부에 의한 정보 통제의 일환이 되어 당시의 정권이나 특정 당파에 가담하기 때문은 아니다. 그보다는 정치라는 활동, 공적인 자리에서 이루어지는 행위의 특질과 관계가 있다.

행위가 수많은 사람들이 상호 작용하는 그물망 속에서 이루어진다고 하면, 그 결과는 각자의 의도와 일치하지 않는 예측 불가능성을 안고 있다. 특히 정치 보도의 경우, 정치가의 행위는 그 행위가 이루어지는 과정에서는 그 의미를 판단하기가 좀처럼 쉽지 않다. 가령 정부의 정책 결정 과정에서 각 부처와 자문기관이 준비한 내용을 바탕으로 관할 부처와 대통령이 정책을 마련하고 시행을 결정하는 경우에 보도기관이 중요시하는 것은 행정부가 그 실행을 결의하는 시점에서 그 내용을 발 빠르게 보도하는 것이리라. 부처의 결정과 기자회견 내용을 그대로 받아쓰면 너무 늦다. 다른 언론사에 뒤처지면 후속기사가 되고, 속보성이라는 의미에서는 뉴스의 가치를 잃는 것이다. 따라서 각 언론사의 정치부 기자는 대통령을 비롯한 주요 부처의 장관과 파벌의 영수, 중요한 관료와 위원회의 심의원 등을 따라다니며 그 동향을 끊임없이 파악한다. 정보를 빼내려는 그들의 노력은 정치가와 관료 측이 의도적으로 정보를 흘리거나, 정보를 주는 대가로 향응을 제공하는 등 부패의 토양을 낳게 될 것이다. 이는 인간의 행위가 가져올 예측 불가능성에 대응하려고 할 때에 뒤따르는 부작용이다.

그런 의미에서 저널리즘은 자신들의 취재와 보도를 통해서 정치라는 활동 속에 휘말려 들어간다고 볼 수 있다. 그런 와중에도 최대한 사실을 확인하고 그때그때의 정권과 정책 담당자, 혹은 여러 당파의 행동과 그 방향성을 정확하게 보도하는 일은 중요하면서도 아주 어려운 작업이다. 그러기 위해서는 언론인 개개인의 노력뿐만 아니라 정치 현장과 아주 가까우면서도 일정한 거리를 유지할 수 있는 조직과 네트워크 형성이 필요할 것이다.

인터넷과 쌍방향 통신이 정보의 유통량과 속도에서 기존의 매체를 능가하면서 누구나 원할 때 널리 정보를 발신할 수 있게 되었고 필요한 정보를 얻는 영역도 현저히 넓어졌다. 동시에 그것은 허위도 포함한 정보의 의도적 누설에 따른 여론 조작과 정치적 영향력의 행사, 비방의 유포로 개인과 집단을 공격할 가능성도 확산되었음을 의미한다. 그러한 상황 속에서 보도기관이 담당해야 할 역할은, 정확한 사실 확인을 위한 수단을 조직하고 신뢰할 수 있는 정보를 발신하는 것이다.

보도기관의 업무는 정치적 활동과는 구별되어야 한다. 단순한 오보가 아닌 허위 보도는 보도에 대한 신뢰를 실추시켜서 정보 제공이라는 본래의 역할을 방해한다. 보도기관은 비정치적이고 중립적인 기능을 담당해야 정치에 중요한 기여를 할 수 있다. 따라서 정치 영역은 보도가 중립적인 정보 제공이라는 역할을 충분히 수행할 수 있게 보호해야 한다. 아렌트에 따르면 자유주의 입헌국가는 체제가 안정적으로 기능하도록 미디어같은 중립기관의 보호를 정치적으로 선택한 체제이다.

아카데미즘의 역할

언론이 정치의 영역과 더 가까운 곳에서 그때마다 사실을 전달한다면, 정치의 영역과는 명확하게 다른 곳에 거점을 두고 사실의 진리를 담당하는 것이 아카데미즘, 즉 대학 등의 연구기관에 소속된 학자, 연구자 집단이다.

사실이 보여주는 증거에 기초해 사물을 탐구한다는 임무를 고려했을 때, 그들은 사실의 진리를 옹호해야 하는 첫 번째 존재이다. 그중에서도 아렌트는 구체적인 정책 과제와 더 밀접하게 관련되고, 정치, 사회적 영향과 효과가 직접적으로 드러난다고 여겨지는 자연과학과 사회과학 분야보다 "역사학과 인문학"을 특히 중시했다.

아카데미의 이러한 진정한 정치적 의의는 오늘날 아카데미의 전문성이 중시되고 자연과학 분야가 발전한 탓에 쉽사리 간과된다. 자연과학 분야에서는 기초 연구를 통해서 예상치 못한 방식으로 나라 전체의 사활에 관련된 중대한 성과를 낸다. 대학의 이러한 사회적, 기술적 유용성은 누구도 부정하지 못하며, 그런 의미에서 보면 아카데미의 중요성은 정치적인 것이 아니다. 그러나 역사학과 인문학은 사실의 진리와 과거로부터 이어진 인간의 기록을 발굴해서 보호하고 해석하는 것을 그 임무로 한다. 이는 정치에 의해서 한층 밀접한 관련성을 가진다.3

오늘날 자연과학과 이를 토대로 한 과학기술의 발전은 사회에 큰 영향을 미친다. 경제 성장을 위해서도 끊임없는 기술혁신이 필요하기 때문에, 연구개발의 촉진은 중요한 정책 과제가 된다. 각종 정책을 입안할 때에는 자문기관 등을 통해서 과학자의 발언에 귀를 기울이며, 과학 연구 자체도 국가에서 제공되는 거대한 연구 자금에 의존한다는 점은 오늘날 널리 알려진 사실이다. 하지만 아렌트가 여기에서 아카데미즘 본래의 역할을 짊어진 기수로 꼽는 것은 오늘날의 과학과 기술의 최첨단과는 약간 거리가 먼, 역사학과 인문학 같은 분야이다. 원래 "과학" 분야에 들어가는지도 종종 의견이 갈리는 학문 분야를 어째서 사실의 진리의 기수로 꼽은 것일까? 그 이유는 경제학으로 대표되는 사회과학에 대한 아렌트의 발언에서 볼 수 있다.

인간이 사회적 존재로서 일정한 행동 패턴을 일률적으로 따르게 되면서 경제학이 과학의 성격을 주장하게 되었다. 법칙에서 벗어난 행동을 하는 자는 사회적이지 않다거나 이상한 존재로서 도외시하게 되었기 때문이다. 통계학 법칙이 유효할 때는 대상이 다수이거나 장기간에 걸친 경우뿐인데, 이럴 경우 행위와 일어난 사건은 단순히 통계학적 편차와 파동으로 처리된다. 개인의 위업이나 우발적 사건 같은 것은 일상생활이나 역사에서 어쩌다 일어나는 예외적인 사례라는 것이 통계학의 변명이다. 하지만 매일 반복되는 일상생활이 아니라 딱 한 번의 예외적인 행위야말로 일상적 관계의 진정한 의미를 보여준다. 역사 속에서 한 시대가 가졌던 의미도 드물게 일어나는 몇몇 사건들에 의해서 드러난다. 따라서 다수의 대상, 장기간에 해당되는 법칙을 정치와 역사에 적용하는 일은 정치와 역사의 관점에서 보자면 그 중심 주제를 지우려고 하는 것이나 다름없다. 일상적인 행동과 자동적인 경향에서 벗어난 것은 별것 아닌 듯 배제하고서 정치에 의미 있는 것, 역사에 중요한 것을 찾아 헤매보아도 얻을 수 있을 리가 없다.4

법칙에서 벗어난
개체의 행위가 중요하다

인간의 행동을 자연과학과 같이 세밀하게 분석하는 사회과학은 근대에 접어들어 경제가 비약적으로 발전하면서 대두했다.

경제 활동을 하는 곳에서는 누구나 같은 행동을 한다. 시장에서 물건을 살 때에는 최대한 저렴하게 사려고 하고, 반대로 재화나 서비스를 팔 때에는 최대한 비싸게 팔려고 한다. 주어진 조건하에서 인간은 자신의 이익을 최대화하기 위해서 행동한다. 이것이 경제학의 전제이다. 수요를 충족하기 위해서 재화를 교환하는 경제의 세계에서는 사람들이 통계적으로 처리 가능한 획일적인 행동을 한다. 경제학을 인간의 행동을 분석하는 유효한 수단으로 보는 이유도 여기에 있다. 경제학에서는 일반적인 법칙에서 벗어난 개체의 행동을 일탈이나 편차로 제외시킨다. 무엇보다 법칙과 가설에 적합한지를 따지는 자세는 적합하지 않은 자료는 무시하고 데이터를 조작하려는 유혹을 물리치는 힘이 된다. 다만, 객관적 진리에 성실하게 대응하는 신념이나 지적 성실성을 담보하는 제도적 구조 없이 눈에 보이는 연구성과를 달성해야 연구자금을 얻고 자리가 보장되는 한, 데이터 조작 가능성은 오늘날 자연과학을 포함한 모든 학문에서 아주 높다고 할 수 있다.

자연과학에서도 법칙에서 일탈하는 사례와 별개의 구체적인 현상이 전혀 의미가 없느냐고 하면 그렇지는 않을 것이다. 하지만 인간 행위의 특성은 그런 일반적인 법칙에 기초한 계산과 예측이 빗나간다는 점이다. 역사적 사건을 일으킨 것은 인간의 행위action이지 만인이 하는 획일적 행동behavior이 아니다. 정치적으로 의미 있는 것, 역사적으로 중요한 것은 행위에서 비롯된다고 아렌트는 말하고 있다.

행위에 의미가 주어질 때

인간이 하는 행위의 의미는 어떻게 해서 밝혀지는 것일까? 바로 제삼자의 입을 통해서 밝혀진다.

행위의 결과로 따라오는 이야기의 성격이나 내용이 어떤 것이든, 그 행위를 사적 생활에서 했는지 공적 생활에서

했는지, 행위를 하는 인간이 다수인지 소수인지와 관계없이 그 행위의 의미가 완전히 밝혀지는 것은 그 행위가 끝난 뒤의 일이다. 물건을 제작하는 경우, 이것은 그 최종 생산물이 담당자가 사전에 그려놓은 이미지나 모형대로 잘 구현되었는지로 판단된다. 이에 반해 행위의 과정, 따라서 역사의 과정을 비추는 빛은 마지막의 마지막에, 때로는 등장인물들이 전부 죽고 나서야 겨우 드러난다. 이야기의 화자, 즉 역사가가 과거를 돌이켜볼 때에야 비로소 행위는 그 모습을 전면적으로 드러낸다. 대체 무슨 일이 일어난 것인가. 그에 대해 역사가는 사실 그 사건에 관련된 인물보다 언제나 더 자세히 알고 있다. 행위자가 풀어놓는 자신의 의도, 목적, 동기를 신뢰할 수 있는 경우도 있을지 모르지만, 이는 역사가에게는 유용한 자료에 불과하며 그 의의와 신뢰성은 역사가가 말하는 이야기에 미치지 못한다. 이야기의 작자가 어떤 이야기를 하게 될지는 적어도 행위의 과정이나 행위자가 결과에 매여 있는 동안에는 결코 알지 못한다. 어차피 행위를 하는 사람은 그 이야기 속에서 별다른 의미 없이 행위를 한 것이기 때문이다. 이야기는 행위의 불가피한 결과이지만, 그것을 파악하고 이야기로 "완성하는" 것은 이야기의 작자이지 행위자 본인이 아니다.5

인간의 행위는 수많은 사람들 사이에서 이루어진다. 한 사람의 행위는 그 한 사람의 행위만으로는 결코 완결되지 않으며, 행위가 목표했던 특정한 사람, 나아가서는 불특정 다수의 사람들에게도 영향을 미친다. 영향을 받은 상대도 또한 각각의 의도에 맞게 반응한다. 인간관계의 그물망 속에서 이루어지는 행위는 그 결과를 예측할 수 없다. 의도한 대로의 결과가 나오는 경우는 거의 없다. 그 행위의 의미, "그가 실제로 무엇을 했는가"는 타자의 눈으로 보아야 비로소 알 수 있다.

본인이 무엇을 바라든, 자신의 인생을 자기 혼자서는 완성시킬 수 없다. 아무리 천재적인 예술가라고 해도 자신의 인생 자체를 예술작품처럼 창조할 수도 없으며, 아무리 권력이 강한 지배자라고 해도 자신의 정치적, 역사적 업적을 그 의도대로 달성할 수는 없다. 그가 이루어낸 것, 이루고자 하는 것의 결과는 타자가, 그와 직접 관계를 맺지 않은 사람이 판정을 내릴 것이다. 그의 행위는 후세인이 내리는 공평한 판단에 의해서 비로소 의미가 주어질 것이며, 망각의 어둠 속에 가라앉지 않고 그 성공과 실패를 포함하여 사람들의 기억에 남아 구원받을 것이다.

이야기에 의한
"현실과의 화해"

구원을 받는 것은 행위자 본인만이 아니다. 사람들이 말로 표현해야 비로소 그의 행위는 남겨진 세계에 사는 인간에게 의미 있는 것, 이해할 수 있는 것이 된다. 그리고 이것이 인간이 만들어낸 결과와 접목하는 유일한 방법이다. 사람들이 그 행위를 통해서 만들어낸 결과에 정면으로 마주하고, 그것을 사실로 받아들여야 현재, 그리고 미래를 살아가는 사람이 그 사실을 확실한 발판으로 삼아서 걸어갈 수 있다. 역사학과 인문학을 하는 사람들의 과제는 그런 의미에서 "현실과의 화해"에 있다.

사실의 진리를 말하는 자는 동시에 이야기 작가이기도 한 만큼, "현실과의 화해"를 이루어낸다. 이 현실과의 화해야말로 탁월한 역사철학자였던 헤겔이 철학적 사고를 하는 내내 궁극의 목표로 여긴 것이다. 실제로 단순히 학식에 머무르지 않은 역사적 서술들은 모두 내재된 원동력이 되어주었다. 역사가는 소설가와 마찬가지로(훌륭한 소설은 결코 허구가 아니며 순수한 판타지도 아니다) 완전한 우발적 사건에 불과한 소재를 변형해야 하는데, 이 변형은 시인에게 일어난 기분이나 마음의 움직임의 변용—비탄을 애가로, 환희를 찬가로 변용시킨다—과 성질이 거의 흡사하다. 우리는 아리스토텔레스를 통해서 시인의 정치적 기능 속 카타르시스의 작용, 다시 말해서 인간의 행위를 가로막는 그 모든 정서를 씻어내는 작용을 볼 수 있다. 이야기 작가—역사가 혹은 소설가—의 정치적 기능이라면 사물을 있는 그대로 받아들이라고 가르쳐주는 것이라고 할 수 있다. 사물을 있는 그대로 받아들이는 그 성실한 자세로부터 판단 능력이 생길 것이다.6

역사가 말하는 이야기가 사실에 기인하듯이, 문학이 말하는 이야기도 단순히 상상의 산물이 아니다. 문학은 인간의 행위와 그것이 가져온 결과, 거기에 따르는 심리와 감정 등을 소재로 이야기를 지어내고 거기에서 일어난 사실과 그 의미를 독자에게 생각할 거리로 던져준다. 독자가 사실을 있는 그대로 받아들이고 그 의미를 이해할 수 있으면, 이를 통해서 사물의 좋고 싫음을 구분하는 판단력도 기를 수 있을 것이다.

그러한 의미에서 역사학과 인문학 분야에서 학자들이 하는 작업의 본질은 현실과의 화해이다. 그들은 일어난 사실을 확인하는 동시에 그 행위의 의미를―가령 행위자의 의도를 수많은 언급과 기록에서 추측하면서 그 행위가 타자와 관련되어 일어난 결과에 비추어―이해하려 한다. 사회과학의 분야에서도, 대상을 단순히 일반법칙으로 포섭하는 것이 아니라 행위가 가져온 사실을 확인하고 그 의미를 이해하려고 하는 것이 연구자의 일일 것이다. 아카데미즘에 주어진 임무는 사실의 진리와 그 의미를 말하는 것이다. 이는 중요한 정치적 기능이어서 정치에서 한발 물러나야 비로소 해낼 수 있는 역할이라고 아렌트는 말하고 있다.

나가는 글

끊임없이 희망을 말하는 것

사실의 진리를 옹호하고 행위의 의미를 말하는 일은 아카데미즘만의 특권이 아니다. 물론 과거의 사실을 확인하기 위해서 자료를 탐구하고 비판적으로 검증하기 위해서는 다양한 기술을 활용해야 한다. 그러한 기술을 습득한 전문가 집단이 서로 경쟁하고 심사를 받아 자신들의 전문기술 품질을 증명하는 동시에 그들의 활동을 인적, 물적으로 보장하는 체계가 필요하다. 대학과 연구기관이 아카데미즘을 대표하여 정치적으로 독립적 지위를 확보해야 하는 이유가 여기에 있다. 하지만 그렇게 해서 밝혀진 사실을 진지하게 받아들이고 거기에서 들려오는 목소리에 귀를 기울이며 그 자리에서 행동으로 옮긴 사람들의 이야기를 하는 것은 전문가 집단만 할 수 있는 일은 아니다.

유대인을 돕다가
처형당한 독일인 병사

절멸수용소로 유대인을 이송하는 부대를 조직한 나치 친위대 아돌프 아이히만Adolf Eichmann의 재판을 방청하고 쓴 『예루살렘의 아이히만Eichmann in Jerusalem』에서 아렌트는 한 독일 병사의 행위에 대해서 서술한다.

그 병사의 이름은 안톤 슈미트Anton Schmid로, 폴란드에서 임무를 수행하던 도중 유대인의 지하 조직원들과 만나 위조서류와 군용 트럭을 제공하고 그들의 저항활동을 지원한 인물이다. 지원은 1941년 10월부터 1942년 3월에 그가 체포되어 처형당하기 전까지 5개월간 계속되었다. 당시 폴란드에서는 유대인을 몰래 숨겨주거나,

지하조직 유대인에게 무기를 제공하고 유대인 아이를 맡아서 양자로 삼는 것조차 매우 위험한 행동이었다. 하지만 그러한 행동에 나섰다가 목숨을 잃은 사람들도 적지 않았다. 슈미트는 그 희생자 명단에 이름을 올린 단 한 명의 독일인이었다.

증인으로 선 코브너가 이 독일군 조장으로부터 받은 지원에 대해 읊던 몇 분 동안, 법정은 쥐 죽은 듯이 조용했다. 그것은 마치 안톤 슈미트라는 남자를 위해 청중이 관례대로 2분간 침묵하기로 기꺼이 정한 것처럼 보였다. 그리고 걷잡을 수 없는 캄캄한 어둠 속에서 별안간 환하게 빛을 뿜어내는 광명과도 같았던 그 2분 동안 어느 한 생각만이 모든 의심을 넘어 명료하게 사람들의 머릿속에 그려졌다. 이런 이야기가 더 많이 회자되었더라면 오늘날 이 법정에서도, 이스라엘에서도, 독일에서도, 아니, 유럽 전역에서 모든 것이 얼마나 달라졌을까 하는 생각이.[1]

아렌트는 안톤 슈미트와 같은 저항의 이야기가 더 널

리 퍼졌더라면 상황은 달라졌을 것이라고 말한다. 물론, 그런 저항은—그것이 주변 사람들을 박해의 위험에 몰아넣지 않았다고 해도—무의미하고 무익하다는 시선도 있을 것이다. 아렌트는 그러한 이론의 전형으로서 러시아 전선에 종군한 독일 군의관 피터 밤Peter Bamm의 저서 『보이지 않는 깃발Die unsichtbare Flagge』(1952)을 인용했다. 친위대의 "행동 부대"가 유대인을 트럭에 태워 가스실로 보내 죽이는 광경을 목격한 피터 밤은 그 책에서 이렇게 말한다.

우리는 아무것도 하지 않았다. 행동 부대에 항의하거나 방해한 자는 누구든 24시간 안에 체포되어 흔적도 없이 사라졌을 것이다. 반대자가 자신들의 신조를 지키기 위해서 위대하고 극적인 순교자로서 죽을 수 있게 허용하지 않는 것은 금세기 전체주의 정부의 교묘한 점의 하나이다. 순교자로서의 죽음이라면 우리 중 많은 사람들이 받아들일 수 있을 것이다. 하지만 전체주의 국가는 그 반대자를 침묵의 익명성 속에 소멸시킨다. 범죄를 묵인하고 보고도 보지 못한 척하기보다는 과감히 죽음을 택하는 자가 있었다면, 그는 자신의 생명을 헛되이 희생한 것이 확실하다. 그러한 희생이 도덕적으로 무의미하다는 말은 아니다. 그 희생은 그저 아무런 도움도 되지 못했다. 실제로 우리 중 누구도 무용한 희생을, 더 높은 도덕적 의미를 위해서라고 스스로 받아들일 정도로 깊은 확신을 가지지 않았다.[2]

이러한 밤의 발언에 아렌트는 이렇게 반론한다. 물론 전체주의가 모든 사람의 행위의 흔적을 지우려고 한 것은 사실이다. 실제로 그들은 절멸수용소에서 일어난 범죄의 증거를 인멸하려고 했다. 시체를 소각로에서 태우고, 폭약과 기계로 뼈를 분쇄하여 희생자가 존재했던 모든 흔적을 지우고 아무도 말하지 않는 침묵과 아무도 알지 못하는 익명의 어둠 속에 묻으려고 했다. 하지만 인간이 한 행동에 완벽이란 없다. 인간의 행위 자체에 내재된 특성상, 한 인간, 특정 인간 집단의 의도와 계획이 그대로 실현된 적은 단 한 번도 없다. 누군가가 살아남아 말할 것이다. 남은 흔적에서 나온 목소리를 누군가가 들을 것이다. 그런 의미에서는 전체주의조차 완전한 "망각의 함정"을 만들어내지 못한다. 거기에서 나오는 이야기에는 어떤 의미가 있을까.

이러한 이야기에 들어 있는 교훈은 간단해서 누구나 이해할 수 있다. 정치적으로 말하면 그 교훈이란 공포의 조건 아래에서 인간은 대체로 굴종하겠지만, 어떤 사람들은 굴종하지 않으려고 한다. [유대인 문제의] 최종 해결에 협력해달라는 요청을 받은 주변 각국의 대응을 통해서 알게 된 교훈처럼, 대부분의 나라에서 똑같은 일이 [일어날 수 있었]지만 어디에서도 일어나지 않았던 것과 마찬가지이다. 인간적으로 말하면 이 지구가 인간이 살기에 적합한 장소로 남기 위해서 그 이상은 필요도 없고, 그 이상을 바라는 것은 도리에 맞지도 않을 것이다.3

인간 행위의 성질을 보면 누구나 똑같이 행동하지는 않는다. 그것은 결코 필연이 아니다. 현재의 상황을 바꾸려고 누군가 행위를 시작할 것이다. 이 세계가 인간이 살기에 적합한 곳으로 남기 위해서는 누군가 획일적인 행동이 아닌 행위를 시작하면 된다. 거기에 희망이 있다.

여러분의 행위로
새로운 누군가가 탄생할지도 모른다

아렌트가 아이히만을 "악의 평범성"으로 평가한 것은 잘 알려진 사실이다. 아이히만은 결코 특수한 인간, 극악무도한 악마나 잔학한 사디스트가 아니라 지극히 평범한 인간이었다. 평범한 시민이 한 발만 삐끗하면 나치와 같은 범죄에 손을 대게 된다. 수많은 사람들을 살인 공장에 보내는 작업에 가담하게 된다. 전체주의의 진정한 무서움, 역겨움이 여기에 있다. "여러분의 주변에도 아이히만이 있을지도 모른다. 아니, 여러분 자신이 언제 아이히만이 될지 모른다." 이런 교훈을 인간은 종종 끄집어내려고 한다. 하지만 인간의 행위와 그에 얽힌 특성상 그렇게 마음의 준비를 단단히 한다고 해서 잘 대처할 수 있다고는 장담할 수 없다. 더욱이 타인의 행동 속에서 아이히만을 찾으려고 한다면, 전체주의가 크게 이용했던 상호 고발제도를 형성하는 데에 한몫하게 될 것이다.

아렌트 본인이 거기에서 끄집어내려고 한 것, 그리고 사람들이 끄집어내기를 바란 것은 오히려 인간 행위의 가능성에 대한 희망이었다. 여러분도 얼마든지 새로운 것을 시작할 수 있다. 여러분이 한 행위가 의도한 그대로 전달되지는 않겠지만, 그 결과로 무엇인가 새로운 것을 실현하게 될 수도 있다. 그래서 더욱 그러한 행위와 그 결과는 이야기로 전해져야 한다.

그리고 이야기를 하는 것도 인간에게 각각 주어진 능력이다. 우리 인간은 저마다 이야기를 하는 능력을 지녔다. 이야기 소재는 일어난 사실이지만, 그것을 타인에게 전하기 위해서는 말—혹은 영상 등의 수단—로 표현해야 한다. 이것을 아렌트의 인간 활동 분류로 보자면, 사전에 설정된 목적을 위해서 소재를 손보는 "일", 즉 "제작"에 속하지만, 그것을 궁극적으로 이끄는 것은 "사고"라는 제4의 활동이다.

사고는 자신이 지금 하는 활동에서 한발 물러나서 그것을 지켜보는 것에서부터 시작된다. 그곳에서 우리는 "자기 안의 타자와의 대화"를 나누게 된다. 자신을 둘러싼 주변의 움직임을 뒤로 물러나서 객관적으로 바라보는 것, 멈춰 서서 생각하는 것은 누구나 할 수 있는 작업이다. 어떤 사람의 업적에 대해, 그 의도와 목적, 실패와 과오를 포함한 결과에 대해 말한다는 것은, 그 행위의 의미에 대해서 사고했다는 뜻이다. 그렇게 해서 이야기가 전달되면, 이번에는 받아들이는 사람이 사고해야 할 차례이다. 나아가 그것이 새로운 행위의 가능성을 열게 될 것이라고 아렌트는 말한다.

전체주의의 가능성을 없앤다

한 사람 한 사람이 저마다 자신의 의지로 하는 행위는 늘 타자와의 사이에 놓인 "관계의 그물망" 속에서 이루어지며, 그 결과는 본인도 예측할 수 없다. 인간의 행동을 일방적으로 강요하려는 전체주의의 시도가 균열을 일으키고, 결국에는 실패하는 이유도 여기에 있다. 아무리 강압적인 체제의 교묘한 지배라고 해도, 각 인간들의 활동을 뜻한 바대로 조작할 수는 없다. 인간의 소질과 성질, 처한 조건은 저마다 달라서, 누군가는 반드시 예상에서 벗어난 행동을 할 것이고, 다른 누군가는 거기에 이의를 제기할 것이다. 그러니 우리는 저마다 그런 사람들이 행위한 기억에 더하여 새로운 가능성이 있을 것이라며 끊임없이 희망을 말해야 하는 것이다.

전체주의가 다시 나타날 가능성을 뿌리 뽑기 위해서는 전체주의가 파괴한 사람들의 관계를 회복시키고 자유로운 "운동 공간"을 만들어야 한다. 인간의 자유로운 "행위" 자체가 예측 불가능한 성질을 가진 이상, 거기에는 또 생각지도 못한 위험이 도사리고 있을 것이다. 인간이 지닌 자유로운 가능성은 그런 위험과 이웃하고 있기 때문이다.

자유로운 "행위"가 바탕이 된 "운동 공간"을 안정적

으로 유지하고 사람들 사이의 공유를 일시적인 사건으로 끝내지 않으려면 완전히 새로운 정치 체제가 필요하다. 전체주의에 파괴된 그때까지의 전통과 이데올로기에 기대지 않고, 종래와는 전혀 다른 방식으로 사람들의 다양한 활동을 연결해가는 것. 인간에게는 그러한 "새로운 것"을 시작할 능력이 있다. 『전체주의의 기원』이후, 아렌트의 사상은 그러한 과제에 대한 도전이었다.

맺음말

"아렌트를 아직 한 번도 읽어본 적이 없는 사람에게 그
정수를 알기 쉽게 설명한다"는 것이 편집장 아오키 하
지메가 나에게 던진 과제였다. 그 뒤로, "어려운 전문
용어, 업계용어 금지", "다른 사상가와의 비교도 금지",
초고 단계에서도 "이 부분은 좀더 설명이 필요합니다",
"여기는 내용이 더 필요하지 않을까요" 등등 차례차례
장애물을 만났다. 나로서는 꽤나 공격적인 내용이 되겠
다 싶었는데, 이 모든 과정의 결과, 처음의 내 의도가 성
공했는지는 독자의 판단을 기다려야 할 것 같다.

  아렌트의 사상을 가리켜 "난간 없는 사유"라고 한다.

기존의 이론과 사상은 효험을 잃었다. 과거의 전통에 기대지 않고 사고해야 한다는 것이 아렌트의 본의이지만, 그렇다고 해서 단서도 전혀 없이 사고하라고 말한 것은 아니다. 본래 신이 될 수 없는 인간이 외부 자극 없이 사고하기란 불가능한 일이다. 거기에는 반드시 사고하기 위한 "실마리"나 "난간"이 필요하다.

책을 읽는 것은 그러한 난간 가운데 하나이다. 인간은 책에서 지식과 정보를 얻을 뿐만 아니라 그것을 단서로 하여 사고하기 시작한다. 인간은 종종 자신의 주장을 뒷받침해줄 곳을 갈무리해놓고 자신의 의견과 다른 곳이 있을 때에는 반론할 준비를 한다. 하지만 정말로 생각해야 하는 것은 자신이 왜 이 책에 공감했는지, 어디에서 불편함을 느꼈는지이다. 그 책을 읽고 공감하는 나, 화가 나는 나야말로 대화의 상대, 아렌트가 말하는 "또 하나의 나"일 것이다. 아렌트의 책은 그런 대화를 나누는 데에 더할 나위 없는 단서를 제공할 것이다.

『전체주의의 기원』에 다시 한번 마주할 기회를 준 아

오키, 현대신서 편집부를 소개해준 다가이 모리오에게 감사 인사를 하고 싶다.

마키노 마사히코

주

제3장

1. ハンナ.アレント, 『全体主義の起源』(Hannah Arendt, *The Origins of Totalitarianism*), 大久保和郎, 大島通義, 大島かおり 訳, みすず書房, 2017, 第3券, p.86

2. ハンナ.アレント, 「權威とは何か」, 『過去と未来の間』(Hannah Arendt, *Between Past and Future*), 引田隆也, 斎藤純一 訳, みすず書房, 1994, p.134−135

3. ハンナ.アレント, 『全体主義の起源』, 第3券, p.141

4. ハンナ.アレント, 『全体主義の起源』, 第3券, p.125−126

5. Hannah Arendt, *The Origins of Totalitarianism,* Schocken Books, 1951, p.402, ハンナ アレント, 『全体主義の起源』, 第3券, p.216−217, p. 224−225 참조.

제4장

1. ハンナ.アレント, 『人間の条件』(Hannah Arendt, *The Human Condition*), 牧野 雅彦 訳, 講談社学術文庫, 2023, p.333

2. ハンナ.アレント,『人間の条件』, p.367

3. ハンナ.アレント,「道徳哲学の諸問題」,『責任と判断』, 中山元 訳, ちくま学芸文庫, 2016, p.227−228

4. ハンナ.アレント,『全体主義の起源』, 第3券, p.351

제5장

1. ハンナ.アレント,『全体主義の起源』, 第3券, p.90

2. ハンナ.アレント,『人間の条件』, p.92

3. ハンナ.アレント,「真理と政治」,『過去と未来の間』, p.350

4. ハンナ.アレント,『過去と未来の間』, p.350−351

5. ハンナ.アレント,『過去と未来の間』, p.351

제6장

1. ハンナ.アレント,『過去と未来の間』, p.330

2. ハンナ.アレント,『過去と未来の間』, p.327−328

3. ハンナ.アレント,『過去と未来の間』, p.356

4. ハンナ.アレント,『人間の条件』, p.73−74

5. ハンナ.アレント,『人間の条件』, p.344

6. ハンナ.アレント,『過去と未来の間』, p.357−358

맺음말

1. ハンナ.アレント,『エルサレムのアイヒマン―悪の陳腐さについての報告』(Hannah Arendt, *Eichmann in Jerusalem*), 大久保和郎 訳, みすず書房, 2017, p.319

2. ハンナ.アレント,『エルサレムのアイヒマン―悪の陳腐さについての報告』, p.320

3. ハンナ.アレント,『エルサレムのアイヒマン―悪の陳腐さについての報告』, p.321−322

더 읽어볼 만한 책

전체주의는 철저한 자기 파괴 현상이었다. 인간은 자신을 철저하게 파괴할 수 있고 인간을 인간답게 하는 모든 기반, 세계 그 자체를 근본부터 파괴할 수 있다. 그런 파괴 뒤에 인간은 무엇을 더 할 수 있을까, 아렌트는 이 점을 철저하게 파고든 사상가였다.

아렌트의 사상에 흥미를 가진 독자에게 그의 주요 저작을 소개하겠다.

『전체주의의 기원』(1951)

아렌트가 본격적인 사상가로서 첫발을 내디딘 저작. 제

1부 "반유대주의", 제2부 "제국주의"에서는 전체주의를 낳은 유럽 사회에서 나치가 비롯된다는 전제가 검토되는데, 그러한 탄생 배경을 알아야 비로소 제3부 "전체주의"의 특질을 잘 이해할 수 있다. 아렌트가 보기에, 인간의 행위가 만들어내는 정치 세계의 사건은 그 하나하나가 서로 관련되어 있다. 그러한 역사적 관련 속에서 전체주의 현상도 자리를 잡아간 것이다.

『인간의 조건』(1958)

전체주의로부터 충격을 받고 인간이 인간답게 살아가기 위한 조건이 무엇인지를 고찰한 『인간의 조건』에는 생명체로서의 인간이 자연에서 하는 활동이 총체적으로 포함되어 있다. "노동", "일＝제작", "행위"라는 활동도 모두 자연과의 순환 속에서 이루어진다. 그 자연과 인간과의 관계가 근대에 들어선 뒤 어떻게 변화했는지, 그리고 그것이 인간에게 무엇을 가져다주는지가 이 책의 주제이다.

『혁명론』*On Revolution* (1963)

『인간의 조건』에서의 고찰을 바탕으로 "정치" 활동과
그 특질에 대해서, 프랑스 혁명과 미국 독립 혁명이라
고 하는 근대에 발생한 두 혁명을 주제로 검토한 책. 근
대 정치 모델로서의 미국의 공화정체가 어떠한 요소들
로 구성되어 있는가를 논의한다. 이 책에서는 좌익 테
러의 논리와 그 원인도 검토한다.

『공화국의 위기』*Crises of the Republic* (1969)

미국이 베트남 전쟁과 인종차별 문제로 흔들리던 1960
년대 후반에 아렌트는 거기에서 발생한 위기의 원인을
검토한다. 여러 논문과 에세이를 집대성한 책으로 전
체적인 주제를 이해하기 어려우므로 아렌트가 지금까
지 제기한 이론을 염두에 두면서 제2차 세계대전 이후
미국과 세계의 활동 배경으로 읽었으면 한다. "권력"과
"폭력", 그리고 "권위"의 구별에 관해서도 자세히 논하
고 있다.

『과거와 미래 사이』*Between Past and Future*(1961)

『공화국의 위기』가 현실의 정치적 현상에 관련된 시론, 정치평론이라면, 이 책은 사상적 에세이의 집대성이라 할 수 있다. 다만 아렌트의 경우, 정치평론과 사상적 고찰 사이에 구별 없이 양자를 자유롭게 오가는 것이 특징이므로 『공화국의 위기』와 함께 읽으면 좋다.

『예루살렘의 아이히만』(1963)

"악의 평범성"이라는 아이히만에 대한 평론만이 남은 듯한 책이지만, 유대인 문제의 "최종 해결"에 이르는 나치의 정책 결정 과정과 유대인의 이송을 둘러싼 나치 내부의 의도, 유대인 측의 대응, 각국의 복종과 저항에 대해서 정치학적으로 분석한 책으로도 읽을 수 있다.

『책임과 판단』*Responsibility and Judgment*(2003)

아렌트의 사후 남겨진 논문과 평론을 모은 책인데, 이 책에서도 참조한 "도덕철학의 여러 문제"를 비롯해 아우슈비츠 재판에 대한 평론 등 중요한 글이 실려 있다.